Félix Lope de Vega y Carpio

El truhán del cielo

Barcelona **2024**
Linkgua-ediciones.com

Créditos

Título original: El truhán del cielo.

© 2024, Red ediciones S.L.

e-mail: info@red-ediciones.com

Diseño de cubierta: Michel Mallard.

ISBN rústica: 978-84-9816-179-3.
ISBN ebook: 978-84-9897-710-3.

Cualquier forma de reproducción, distribución, comunicación pública o transformación de esta obra solo puede ser realizada con la autorización de sus titulares, salvo excepción prevista por la ley. Diríjase a CEDRO (Centro Español de Derechos Reprográficos, www.cedro.org) si necesita fotocopiar, escanear o hacer copias digitales de algún fragmento de esta obra.

Sumario

Créditos _____ 4

Brevísima presentación _____ 7
   La vida _____ 7

Personajes _____ 8

Jornada primera _____ 9

Jornada segunda _____ 45

Jornada tercera _____ 89

Libros a la carta _____ 135

Brevísima presentación

La vida

Félix Lope de Vega y Carpio (Madrid, 1562-Madrid, 1635). España.
Nació en una familia modesta, estudió con los jesuitas y no terminó la universidad en Alcalá de Henares, parece que por asuntos amorosos. Tras su ruptura con Elena Osorio (Filis en sus poemas), su gran amor de juventud, Lope escribió libelos contra la familia de ésta. Por ello fue procesado y desterrado en 1588, año en que se casó con Isabel de Urbina (Belisa). Pasó los dos primeros años en Valencia, y luego en Alba de Tormes, al servicio del duque de Alba. En 1594, tras fallecer su esposa y su hija, fue perdonado y volvió a Madrid.
Entonces era uno de los autores más populares y aclamados de la Corte. La desgracia marcó sus últimos años: Marta de Nevares una de sus últimas amantes quedó ciega en 1625, perdió la razón y murió en 1632. También murió su hijo Lope Félix. La soledad, el sufrimiento, la enfermedad, o los problemas económicos no le impidieron escribir.

Personajes

Nicolás, caballero
Octavio
Celio
Casandra, dama
Camilo, viejo
Junípero
San Francisco
Alejandro
Morcón, pobre
Una Mujer, pobre
Una Peregrina
Nuestra Señora
Niño Jesús
Silvio y Lauro, labradores
Silvia
Aurelio
Narcisa
Fray Antonio de Padua
Fabio
Demonio

Jornada primera

(Salen Nicolás, caballero, Octavio, Celio y Casandra, dama.)

Casandra   Con la salud que tuviere,
estoy a vuestro servicio.

Nicolás   El serviros es oficio
del que por vos vive y muere.
  Bien sabe vuestra belleza,
dos años habrá, de mí
esta verdad, aunque fui
desdichado, con firmeza.

(Tórnase a entrar Octavio.)

Casandra   Suplícoos que me tratéis
con diferentes razones,
cuando en estas ocasiones
otra cosa no miréis
más que mi sangre, que es ser
hija de Camilo, y vuestra
servidora.

Nicolás   Bien se muestra
que estáis de otro parecer;
  pues Alejandro pregona
que ha de ser vuestro marido,
de vos tan favorecido;
y en Viterbo no hay persona
  que esto mismo no publique.

Casandra   Yo confieso que es deseo
de Alejandro, mas no creo,

              aunque me lo certifique
                todo Viterbo, que puede
              Alejandro pregonar
              cosa que pueda faltar,
              y que de quien es excede.
                Y no me gozo tampoco,
              que pudiera ser que fuese
              si mi padre lo quisiese;
              pero siempre el vulgo, loco
                adivinó lo que estaba
              en contingencia, por hecho,
              sin saber que de mi pecho,
              el primero voto faltaba;
                que es mi padre, sin quien yo
              no he de tener libertad;
              y con esto me mandad;
              que ya imagino que entró
                mi padre, y en esto puede
              hablaros mucho mejor.
              Dadme licencia, señor;
              que esto de límite excede
                a mujer de mi opinión,
              y más doncella.

Nicolás   Esperad;
              que es fuerza de voluntad,
              y no fuerza de pasión.

Casandra   La verdad en todo os digo,
              y que si mi padre viene
              en ello, Alejandro tiene
              muy grande opinión conmigo.

(Vase.)

Nicolás   ¡Que esto he venido a escuchar!
¡Que esto he llegado a sufrir!
¡Alejandro ha de morir!
¡A Casandra no ha de dar
la mano de esposo! ¡Cielos!
¿Por qué disteis por más fuerte
al suelo el mal de la muerte,
habiendo mujer y celos?

(Entra Camilo con báculo.)

Camilo   ¡Señor, en mi casa!

Nicolás   Vengo
con deseos de besaros
las manos, y a visitaros.

Camilo   A mucha merced lo tengo
¡Hola!

(Sale Octavio.)

Octavio   ¡Señor!

Camilo   Una silla
llega al señor Nicolás.

(Siéntanse.)

Nicolás   Señor Camilo, jamás
os parezca maravilla
el veniros a servir.

Camilo Las mercedes que me hacéis,
Señor, a mi amor debéis;
que fuimos hasta morir
   muy amigos vuestro padre
y yo (téngale en el cielo
Dios), que cuando vuestro abuelo
con él casó a vuestra madre,
   mantuve en las fiestas yo
una sortija, que fue
de nuestra amistad y fe
la que me calificó.
   Que del gasto y la persona,
y el aparato también,
tuvo que decir muy bien
toda la marca de Ancona.
   Ayer parece que fue;
todo brevemente pasa;
que todo el tiempo lo abrasa
cuando delante lo ve.

Nicolás Según eso, confiado
puedo venir a pediros...

Camilo Siempre tengo de serviros,
que estoy a ello obligado;
   como sea cosa en que
pueda hacello, yo prometo;
que de ingenio tan discreto
como el vuestro, no podré
   pensar que me pidáis cosa
que no esté bien a los dos.

Nicolás Para mí, ni para vos,
esta no es dificultosa.

Camilo   Pues comenzad, según eso,
          a mandarme.

Nicolás   A suplicaros
          comienzo.

Camilo   Quiero escucharos.

Nicolás   Por Casandra pierdo el seso.
             Dos años habrá que estoy
          en Viterbo, que de Grecia,
          por la guerra de Venecia,
          volví; ya sabéis quién soy,
             y que tengo mi blasón
          puesto por timbre y entena,
          desde la más baja almena,
          al más fuerte torreón;
             y de mi hacienda, al fin,
          son Diana y Villaflor,
          que es el castillo mejor
          de toda la Marca, en fin.
             Sin esto, tengo en Viterbo
          bastante hacienda también,
          que para solo este bien
          y mi persona reservo.
             ¡Que con esto que os ofrezco,
          y el alma, queráis que elija
          a Casandra, vuestra hija,
          y por mi dueño merezco!
             Por esclavo me tened
          sin mirar mi tercería.

Camilo   Yo soy el que recibía

en eso mucha merced.
  Y sabe Dios que quisiera
que la mujer que os agrada,
mi hija, y vuestra criada,
sola en mi casa no fuera,
  para hacerla vuestra esclava.
y esto es verdad, ¡vive Dios!
Mas si la caso con vos,
en vos mi casa se acaba.
  Yo la tengo concertada
de casar con mi sobrino
Alejandro, y determino,
quedando con él casada,
  Que en mi casa quede en pie,
pues a su mismo apellido,
el ha de ser su marido,
ya que mi desdicha fue
  tan grande, que no me dieron
varón los cielos que honrase
mi prosapia, y heredase
lo, que en Viterbo adquirieron,
  con tanto, honor y valor
mis padres y sus abuelos.

Nicolás   Hoy me han de matar los celos
             bastardos hijos de amor.

Camilo   Perdonad el no poder
             serviros, y perdonad
             no poder mi voluntad
             lo que le pedís, hacer;
               porque son de amor desgracias
             y pensiones del deseo
             que en mí de serviros veo

sin más lisonjas.

(Entra Junípero de fraile de san Francisco, a lo tonto con las arguenas.)

Junípero	Deo gracias.
	¿Hay limosna por acá?
Camilo	Espere, padre, allá fuera.
Junípero	Hermano viejo, el que espera
	en Dios, siempre dentro está,
	y mejor dentro de Dios,
	que debajo de tejado;
	pero no tenga cuidado;
	hablen ahora los dos;
	que yo esperaré allá afuera,
	si limosna me han de dar.
Camilo	Adentro puede esperar.
Junípero	Quien no espera, desespera,
	que mejor se dice así;
	pregúnteselo al infierno,
	que es su fuego tan eterno,
	que si esperaran allí
	que se hubiera de acabar
	aquella eterna porfía,
	nadie desesperaría:
	ved si es bueno el esperar.
	Aquí esperaré contento
	a esta pared, viejo honrado,
	como un pobrete arrimado.
Nicolás	¡Ah, celoso pensamiento!

Camilo	Simple parece.
Junípero	Un truhán

del palacio de Dios soy,
y para su casa voy
pidiendo en Viterbo pan.
  Mil veces le hago reír,
haciéndome a mí llorar,
deste bellaco, a pesar
que se le quiso subir
  a las barbas cierto día;
pero bien se lo pagó,
pues patas arriba dio,
con toda su compañía,
  en los abismos, adonde
mientras Dios fuere, ha de estar.

Nicolás	Padre, si puede callar,
	Déjenos.
Junípero	Hermano Conde,

  Marqués, Duque, o qué sé yo,
perdone mi atrevimiento;
que soy el mayor jumento
que en la tierra Dios crió
  esto todo es rebuznar;
ya acabaré tras que acabe
de hablar todo lo que sabe,
y podrá poco callar.
  O si por esto me diera
de coces, o me mandara
dar de palos, cosa es clara
que por merced lo tuviera;

      Ponédselo vos, señor,
      en el pensamiento.

Camilo   Al fin,
      yo llevó solo este fin
      en mis intentos.

Nicolás   Si amor
      no me obligara, Camilo,
      como me obliga, ¡por Dios,
      que nunca usara con vos
      de tan cortesano estilo!
       Ni en persona a vuestra casa
      me obligara a venir hoy,
      porque para quien yo soy
      esto de límite pasa.
       Que aunque vos sois caballero
      de Viterbo, y tan amigo
      de mi padre, sois conmigo
      y con él un escudero.
       Y Casandra, de mi madre
      apenas merecía ser
      criada.

Camilo   No debía
      eso a mi amor vuestro padre
       Mostraos, señor Nicolás,
      con Camilo más cortés,
      y con Casandra después;
      que amor es ciego no más
       en el hombre más bizarro,
      y no pase su porfía,
      de locura a bizarría;
      y ese valiente desgarro

      es para quien trae ceñida
      una espada, como vos,
      y está mozo, que ¡por Dios,
      que a no ir aquesta vida
       tan cuesta abajo, que os diera
      a entender cómo se hablaba
      conmigo cuando gozaba
      de mi verde primavera!
       Y pudiera ser que entonces
      anduvierais mas cortés;
      que estoy sin manos ni pies.

Nicolás   Cuando deshicieras bronces,
       o batieras homenajes,
      fuera lo mismo.

(Levántanse.)

Camilo   No fuera,
      ni hablar alto os sufriera,
      cuanto más esos ultrajes;
       que vive Dios! que os quitara
      mil veces la vida! Y vos
      no me igualáis, ¡vive Dios!

Nicolás   ¡Mientes, y queda en tu cara
       escrita esta afrenta ansí!

(Dale una bofetada.)

Celio   Aquí están nuestras espadas.

Junípero   Si repartís bofetadas,
       dejad una para mí.

Camilo   ¿Desta manera, villano,
                 de mis canas a la nieve
                 tu ingrata mano se atreve?

Junípero   Y tiene muy linda mano
                   en dar bofetadas, ¡hola!
                 que hacéis sonar martinetes;
                 aquí están mis dos mofletes:
                 dadme dos, dadme una sola,
                   dadme un puñete, un sopapo,
                 que yo os hincharé a placer,
                 ¡qué avaro debéis de ser!

Nicolás   Vamos.

Junípero   No os vais, don Guiñapo,
                 sin darme algún bofetón.

Camilo   Tus pensamientos son vanos;
                 que he de tomar por mis manos
                 primero satisfacción;
                   que este báculo he de hacer
                 en ti pedazos, traidor.

Junípero   Dadme a mí, será mejor.

Camilo   Aparta, que quiero ver
                 satisfecho el honor mío.

(Desnudan las espadas.)

Nicolás   ¡Matalde!

| Junípero | Eso no haréis vos,
porque esta vida es de Dios,
y no o os dejó el albedrío
para que uséis tal mal dél;
gallinejas, envainad
esas espadas, y andad
a confesaros con él
  de aquesta bellaquería
para que Dios os perdone. |

| Camilo | No os iréis sin que pregone
antes la venganza mía
  Viterbo, que no mi agravio. |

| Junípero | Hermano viejo, mirad
que venganza en vuestra edad
no es de cristiano ni sabio.
  Si queréis desenojaros,
dadme esos palos a mí.
¿Qué aguardáis? |

| Nicolás | Vamos de aquí. |

| Camilo | ¡Villanos, no he de dejaros
  con mi afrenta de esa suerte;
que este báculo que ha estado
por puntal que ha sustentado
mi vida contra la muerte,
ha de sustentar mi honor! |

| Nicolás | ¡Matalde, y vamos de aquí
que mi................
adonde contra el valor
  del mundo, cuando viniera |

	contra mí el mundo, podría
	defenderme mi osadía!
Celio	¡Pues muera Camilo!
Nicolás	¡Muera!
Junípero	Si no, es sentencia de Dios

no tenéis que obedecella,
que bastamos para ella
vos y yo para otros dos;
  si Dios ayuda nos da,
este es el postrer remedio.

Nicolás   ¡Matalde!

Celio   Quita de en medio,
motilón.

Junípero   Dejalda ya,
  que basta lo que habéis hecho;
mirad no me enoje yo,
porque también me crió
Dios mi cólera en el pecho,
  y puedo a tontas y a locas
haceros que me soñéis;
sosegaos vos: no penséis
que en las manos y en las bocas
de los hombres, viejo honrado,
está la afrenta; que Dios
era mejor que no vos,
y un sayón desvergonzado,
  sin hacer ni decir nada,
así como Nicolás,

            en presencia de Caifás
            le dio una gran bofetada
              en la cara más hermosa
            que el Sol ni la tierra ha visto;
            y pudiera entonces Cristo,
            con su mano poderosa,
              dar en los más apartados
            abismos con él; que el cielo
            está, por nuestro consuelo,
            lleno de hombres afrentados.
              Reyes, príncipes, caudillos,
            Pontífices, sacerdotes,
            con bofetadas y azotes,
            palos, horcas y cuchillos.

Camilo   Tuvieron ésos valor
            del cielo, y fáltame a mí.

Junípero   Teneldo, que yo nací
            y soy tan gran pecador
              como vos, y si me diera
            el hermano Nicolás
            mil bofetadas, jamás
            mi boca en su afrenta abriera,
              que antes los pies le besara
            mil veces; váyase, hermano,
            con su gente, y esa mano
            que puso en aquella cara,
              guárdese: no se la corte
            de Dios la justicia inmensa,
            que venga cualquier ofensa;
            y la cólera reporte:
              no sea la estatua altiva
            de Nabucodonosor;

que de la muerte el rigor
es piedra que lo derriba.
 ¿Qué piensa que es, sino un poco
de estiércol sucio y podrido?
El nada del polvo ha sido,
y estará muy vano y loco,
 ¿quiere echar de ver quién es?
pues considérese muerto
De tres días, y un concierto
hagamos los dos después,
 si sabe considerallo,
que estos bríos todos pierda;
pero mientras no se acuerda,
no hay hombre cuerdo a caballo.
 Váyanse, hermanos valientes,
que aquí no hay que matar ya;
que este buen viejo lo está
tanto, que tiene en los dientes
 el alma, y harán muy poco
en matarle, pues le queda
tan poco que vivir pueda.

Celio Padre truhán, simple o loco,
 métase en pedir su pan;
que aquí lo que hemos de hacer
sabemos.

Junípero   Esto ha de ser;
vayan con Dios. ¿No, se van
 Pues si me quito el cordón
de mi padre fray Francisco,
ha de haber lindo pedrisco
de cardenal y chichón.

Nicolás   Vamos, que un Etna en mi pecho
               los celos han encendido,
               aunque vaya arrepentido
               del disparate que he hecho.

(Vase, y quedan Junípero y Camilo.)

Junípero   Ea, buen viejo, a rezar,
               y antes que el pan de la boda
               se os acabe, pues de toda
               la vida os puede faltar
                  tan poco, acabad con vos
               de saber ganar el cielo,
               y dejá el libro del duelo.
               ¡Malos duelos le dé Dios
                  a quien esas necedades
               del honor puso en la vida,
               que del sabio es entendida
               vanidad de vanidades!
                  Y aprended a perdonar
               con la cruz del mismo Dios:
               noramala para vos,
               si a Dios queréis agradar,
                  que en tantos ejemplos muestra
               a su pueblo esta verdad,
               y entended que la humildad,
               del cielo es llave maestra.

(Entra Casandra.)

Casandra   Señor, ¿qué es esto? Parece
               que estáis llorando, decí...
               ¿Qué tenéis? ¡Habla!

Camilo	¡Ay de mí!
Casandra	Padre, ¿mi amor no merece respuesta?
Camilo	No ha sido nada.
Junípero	¡Encubrirlo es por demás! El hermano Nicolás le ha dado una bofetada; pero ya se fue de aquí.
Casandra	¿Estás loco?
Junípero	Loco estoy, pero mi palabra os doy, que os diera un mundo si a mí tal bofetada me diera: consolalde, que está loco, pues este bien tiene en poco; que sin pan vuelvo acá fuera, con el que me traje a cuestas no más; mas ¡viva la fe de Cristo, y adiós: que os dé muchas bofetadas déstas!
(Vase.)	
Casandra	¿Es verdad esto, señor?
Camilo	Sin honor, hija querida, estoy ya.
Casandra	¿Teniendo vida

    Casandra estáis sin honor?
    ¿No es hijo este corazón
del vuestro, y la sangre mía
de la vuestra, aunque está fría?
    ¿Vuestros mis brazos no son?
    ¿No es éste vuestro valor,
vuestro no vencido brío?
Pues ¿qué dudáis, padre mío,
de vuestro perdido honor?
    A más............
No se deshaga entretanto
en fuentes de amargo llanto,
de vuestras canas la nieve,
    que son puertos levantados,
de donde, en cristal deshecho,
bajan al valle del pecho
arroyuelos despeñados;
    y no es bien que haciendo extremos
con los de los ojos míos,
vayan con Dios. ¿No se van?
que las vidas aneguemos.

(Suena dentro ruido de espadas, y dice Nicolás:)

Nicolás	¡Muera Alejandro!
Camilo	¿Qué es esto?
Casandra	Espadas pienso que son.
Camilo	O me engaña el corazón, o Alejandro han dicho.
Casandra	Presto

	sabré, padre, la verdad.
Camilo (Dentro.)	Espera, Casandra, espera. ¡Alejandro muera!
Todos	¡Muera!
Casandra	Alejandro es: perdonad, padre, que rompa el amor siempre en ocasiones tales privilegios paternales; yo vengaré vuestro honor de camino en el tirano que poner sin miedo intenta, para el reloj de mi afrenta, en nuestro rostro la mano; con la celosa inhumana pasión ha roto las paces.
Camilo	Casandra, ¿qué es lo que haces?
Casandra	Echarme he por la ventana si no me dejas.
Camilo	Son ojos los avisos de mi honor.
Casandra	No puedo más, que el amor se conoce en los arrojos.

(Éntranse, y salen Nicolás, Celio y otros acuchillando todos a Alejandro, y san Francisco tras ellos se pone en medio.)

| Francisco | Nicolás, detén la furia |

	de tus celos temerarios.
Nicolás	Quita de en medio, Francisco; que ha de morir Alejandro.
Alejandro	¿Desta suerte, Nicolás, los nobles que se han preciado en Viterbo de la sangre de los antiguos romanos, a un hombre solo acometen, desta traición descuidado, con tantas armas y gente?
Nicolás	Para matar a un villano, desta suerte han de venir; no te espantes, Alejandro.
Alejandro	¡Mientes mil veces; que yo soy mejor que tú!
Nicolás	¿Qué aguardo? ¿A qué aguardáis, que no hacéis a este villano pedazos?
Francisco	Nicolás, mira que hay Dios.
Nicolás	¡Matalde!
Francisco	Hermanos, hermanos, no matéis a quien no hacéis.
Celio	Ya anda este fraile cansado; yo le quitaré de en medio de una estocada; veamos

                    si Alejandro se defiende
                    con esto.

(Vale a dar a san Francisco, y métase Celio debajo de tierra.)

Nicolás   ¡Muera Alejandro!

Celio   Y ¡muera este fraile, y todo!

Nicolás   Mas ¿qué es esto, cielo santo?
                        ¡La tierra se tragó a Celio!
                        ¡Qué prodigioso milagro!
(De rodillas.)   Danos, Francisco, tus pies,
                        y no permitas que vamos
                        con el castigo del cielo;
                        que solo por mi pecado
                        le ha tragado el suelo a Celio.

Francisco   Este no ha sido milagro:
                        la tierra misma no pudo,
                        que es de Dios humilde estrado,
                        sustentar tanta soberbia,
                        y abriéndose, le dio paso
                        para el reino donde vive
                        aquel monstruo temerario
                        que no cupo en todo el cielo,
                        y el infierno es su palacio.
                        Alzad del suelo, y adiós;
                        y tú, Nicolás hermano,
                        retírate a tu castillo,
                        y guárdate de Alejandro
                        y los deudos de Camilo,
                        a quien hoy has agraviado.

Nicolás	Confuso y celoso voy.

(Vanse todos los suyos.)

Alejandro	Dame esos pies, varón santo, que con pura humildad vences los soberbios, y me has dado la vida.
Francisco	Dios es quien puede dar vida; váyase, hermano, y olvide agravios; que Dios con los que olvidan agravios está muy bien, y remita que nosotros no tenemos poder para nada.
Alejandro	¡Espanto de santidad, tus pies beso, y el suelo que estás pisando!

(Vase Alejandro y sale Casandra con espada desnuda, y su padre tras ella.)

Camilo	¡Hija mía, lo que intentas...
Casandra	Yo he de librar a Alejandro y darte venganza a ti.
Francisco	Ya es el salir excusado, que Alejandro libre queda del furor de sus contrarios, y Nicolás, al castillo que tiene se ha retirado.

	Vos, señor Camilo, dad
gracias a Dios, que os ha dado
en qué merecer con él
si sabéis aprovecharos;
y la señora Casandra
mire quién es, y el estado
a que Dios la inclina elija,
y guárdeos Dios muchos años.
Camilo	Con la vista solamente
consuela este soberano
retrato de Dios.
Casandra	Sin duda
parece de Dios retrato,
porque arrebata del pecho
los corazones: volvamos
a nuestra casa.
Camilo	No sé
qué lástima me ha dejado
puesta en el alma, que vuelvo,
Casandra, alegre y llorando.
(Vanse.)	
Francisco	Señor, ponga entre estos hombres
vuestra poderosa mano,
la paz que al mundo trajistes,
pues sois iris, pues sois arco
de la concordia entre el cielo
y la tierra, matizado
de vuestra sangre preciosa,
que en los horizontes altos

        de la cruz, a vuestro Sol
        formastes celajes altos;
        porque el querubín soberbio
        que a vos se atrevió, intentando
        poner sobre el aquilón
        su trono, por los humanos
        pechos esparce el veneno
        con que al infierno ha bajado;
        engañó algunas estrellas
        que con él también bajaron.

(Entra Junípero con el hábito colgado al pescuezo, comiendo, y dicen de dentro:)

        ¡Guarda el loco, guarda el loco!
        ¡Al loco, al loco, muchachos!

Junípero   Yo soy el loco, venid;
        dadme azotes, dadme palos;
        haya pepinos y piedra
        menuda; tiradme barro;
        que los locos por la pena
        son cuerdos.

Francisco   ¡Notable caso!
        Este es Junípero.

Junípero   ¡Al loco,
        al loco!

Francisco   Aguárdeme, hermano.

Junípero   ¡Oh, padre nuestro, Francisco!

Francisco	¿Dónde va así, qué le ha dado, que el hábito con la cuerda lleva del cuello colgando y por las calles corriendo lleno de lodo, con tantos muchachos detrás de sí?
Junípero	Si a su noticia ha llegado, padre Francisco, algún día, que soy un loco echacantos, ¿desto se espanta? Por cierto, que yo dél, padre, me espanto, que no cayese en que yo siempre he sido un mentecato; si me ha tenido por hombre de juicio, se ha engañado, porque siempre he sido un tonto. ¡Al loco, al loco, muchachos!
Francisco	Vuelva acá.
Junípero	Vedme aquí vuelto.
Francisco	Muestre el hábito.
Junípero	¡Qué extraño es el padre fray Francisco! Siempre ha de ser mi contrario.
Francisco	¿Junípero, desta suerte afrentar osa el sagrado nombre de la religión?
Junípero	Pues ¿qué quiere? Soy un asno.

Francisco	A lo menos es un simple.
Junípero	Y como que lo soy tanto, que si entendiera, supiera así el discreto bellaco que quiso con Dios ponerse; a fe que no hubiera dado patas arriba en el suelo.
Francisco	¡Qué humildad, qué celo santo! ¿Quién, Junípero, no, envidia pecho tan humilde?
Junípero	Vamos, que a fe que me quita un día de mucho gusto, entretanto que nuestros frailes comían y se acababa el mercado; pero yo he llevado lindo mojicón, puñete y palo, linda pellada de lodo y bravos alfilerazos; a azotes vengo molido, y a palos hecho pedazos: no estoy harto.
Francisco	¿No ha comido?
Junípero	De eso estoy, padre, más harto, que como comí anteayer en el refectorio santo, estoy que no quepo en mí.

| Francisco | ¡Dos días se le han pasado! sin comer! |

| Junípero | ¿Es poco? |

| Francisco | No; antes me ha causado espanto. |

| Junípero | Pues, padre, a mí muchas veces, cuando no……………… se me pasan sin comer seis días de claro en claro. Sepa, padre, que es de bestias estar siempre en el establo; y se holgará de saber, cuando todos nos juntamos a comer al refectorio, los gestos que, en comenzando a mascar los unos y otros están haciendo: yo paso grandes mortificaciones de risa, y nunca levanto los ojos, por no mirar este que levanta un labio, el otro que abre la boca, este que traga alargando, como tarasca, el pescuezo con el un carrillo hinchado; el otro, que está sin dientes ni muelas, está mamando; éste se ahoga, éste escupe la mosca que está en el caldo, éste estornuda, aquél tose; el que bebe haciendo pasos |

| | de gaznate, y descubriendo
en el garguero, de un palmo,
más nuez que de una ballesta. |
|---|---|
| Francisco | A risa me ha provocado;
grande es su simplicidad:
bien puede ser del palacio
de Dios truhán, que esto todo
espíritu está brotando. |
| Junípero | Este lenguaje es de un tonto. |
| Francisco | Y ¿qué limosna ha juntado? |
| Junípero | Veinte panes tenía juntos,
mas hánseme ido llegando
tantos pobres, que ninguno
en el arguena ha quedado. |
| Francisco | Pues ¿qué ha de hacer el convento? |
| Junípero | Dios lo dará, que es muy largo,
y pues da ciento por uno,
por veinte, padre, está claro
que nos ha de dar dos mil. |
| Francisco | ¡Qué sencillo pecho! Vamos. |

(Vanse, y al irse a entrar Junípero, sale Morcón, de pobre, con un parche en un ojo.)

| Morcón | Socórrame, padre nuestro
fray Junípero, pues tantos
pobres socorre en Viterbo; |

	oiga, escuche.
Junípero	Pobre hermano, no, me ha quedado que dalle, ni en todo mi poder traigo con qué socorrerle agora. Perdone, pero entretanto, tome y venda esa capilla.

(Dale la capilla.)

Morcón	Guárdele Dios muchos años.

(Vase Morcón, y sale una mujer pobre.)

Mujer	¡Ah, padre! Y a mí, ¿no tiene con qué ayudarme? que paso con un marido que tengo ciego, notables trabajos.
Junípero	¿Trae tijeras?
Mujer	Padre, sí, que a quien se remienda tanto, nunca le pueden faltar.
Junípero	Y las que cortan más paño son las lenguas que murmuran del prójimo. ¿Halas sacado?
Mujer	Sí, padre.
Junípero	.... esa manga, y gracias dando

	a Dios, remiende con ella,
	si alcanzare, sus andrajos;
	que más pobre nació Cristo
	con ser el dueño de cuantos
	tesoros tiene la tierra
	y el cielo.
Mujer	Ya la he cortado.
Junípero	¡Vaya con Dios!
Mujer	El le pague
	el bien que nos hace.

(Vase la mujer, y vuelve a salir Morcón, cojo, con diferente vestido, sin parche.)

Morcón	¡Ah, hermano!
	¡Ah, padre! ¡Deme limosna!
Junípero	Esta manga que ha quedado,
	córtela, si trae con qué,
	que no es mala para un sayo.
Morcón	Aquí traigo una navaja
	con que algunas veces rapo,
	algunos amigos pobres
	por precio muy moderado;
	que soy remendón barbero.
Junípero	Pues corte aprisa, y el brazo
	se le encomienda, que tiene
	necesidad, de ordinario,
	de los dos la huerta nuestra,

	porque la riego y la cavo, y me hiciera falta.
Morcón	Ya estoy del peligro salvo, y la manga en mi poder.
Junípero	Dios le ampare, cojo hermano, si es cojo de veras.
Morcón	Cojo de veras; no fueron cuantos cojos............................ tan cojos como yo.
Junípero	Andamos en tan mal mundo, que algunos se fingen cojos y mancos por andar de puerta en puerta vagabundos; perdonadnos a mí y a quien me lo dijo.
Morcón	No fueron con mi zapato cojos Cicerón ni Ovidio, Aníbal ni Belisario.
Junípero	Digo que os creo, y que soy un religioso bellaco, y que os besaré los pies mil veces.
Morcón	No cojeamos acá sin estar primero por Viterbo examinados

	de todos sus protocolos.

Junípero	Yo hablé como un mentecato; perdonadme: guárdeos Dios.

Morcón	¡Lindamente la ha tragado!

(Vase Morcón; entra una peregrina con el cabello suelto encima de la esclavina, y un niño desnudo en los brazos.)

Junípero	Mas ¿qué peregrina es ésta que con un niño en los brazos, suelto a la espalda el cabello, los hermosos ojos bajos, viene dando, al Sol envidia al parecer?

Peregrina	Simple santo, del cielo truhán, que a Dios alegras en su palacio, a esta pobre peregrina, que a este niño leche dando, viene de Jerusalén, que muy cerca de ella el parto me cogió, dadme limosna.

Junípero	Peregrina hermosa, y tanto, que me lo habéis parecido, y aun me habéis enamorado, para daros yo limosna, quisiera tener los rayos del Sol, talegos de estrellas en plata y la Luna en cuartos; pero parece que nada

         desto os falta, que vais dando
         estrellas, lunas y soles,
         por cabello, ojos y labios.
         ¿Quién sois?

Peregrina   Una mujer.

Junípero   ¿Dónde
         vuestro marido ha quedado,
         que os deja sola, con ser
         tan bella y de pocos años?

Peregrina   Conmigo viene también.

Junípero   ¿Es mozo?

Peregrina   Algunos retratos
         se han visto suyos aquí,
         adonde le pintan cano;
         pero no es cano, aunque es viejo,
         porque no ha podido tanto,
         aunque ha vivido infinito,
         en él del tiempo el agravio.

Junípero   ¿Ha sido rico?

Peregrina   Tan rico,
         que llega a hacer por sus manos
         oro, diamantes, y aquí
         tiene infinitos criados.

Junípero   Enigmas me estáis diciendo,
         que de entenderos no acabo.
         Mirad, señora, en qué puedo

                    serviros.

Peregrina   Yo voy buscando
                    limosna para mantillas
                    para este niño. Si acaso,
                    Junípero, con qué hacelle
                    esta limosna ha quedado,
                    será bien agradecido,
                    porque desnudo le traigo
                    en el pobre manto mío.

Junípero   Mangas y capilla he dado
                    del hábito, y no me queda
                    ninguna cosa que daros,
                    si no es que con vos, señora,
                    también el hábito parto:
                    una navaja está aquí,
                    que a un pobre se le ha olvidado:
                    no será aquesto que corto,
                    para hacer mantillas malo,
                    que aunque es jerga está muy buena,
                    y por aquí no se ha echado
                    ningún remiendo hasta agora;
                    famosísimo está el paño
                    para hacer cuatro mantillas,
                    porque aunque tosco, estoy sano:
                    yo quisiera que ella fuera
                    de terciopelo o brocado.
                    Tomad.

(Corta un pedazo del hábito y dásele.)

Peregrina   El cielo os lo pague.

(Tocan flautas y vase la Virgen.)

Junípero   ¿Qué instrumentos concertados
son éstos que escucho agora?
¿Qué secretos soberanos
en esta mujer se encierran?
Y parece que en los labios
y en sus bellísimos ojos
todo el cielo se ha cifrado.
El alma tras sí me lleva,
y tras el Sol que en sus brazos
lleva desnudo y dormido.
¡Peregrina hermosa, espanto
de la belleza, aguardad!

(Sale san Francisco.)

Francisco   ¿A dónde va voces dando?

Junípero   No sé, padre............
que es menester más espacio
para decírselo.

Francisco   ¡Cómo!
¿De esa suerte viene? ¿Ha dado
en otra invención agora?

Junípero   Padre, a sus pies arrojado
digo mi culpa.

Francisco   ¿Qué es esto?

Junípero   Hay tantos pobres hermanos
nuestros, que ha sido forzoso

	repartir esos pedazos
que al hábito faltan.
Francisco	Mire:
por obediencia le mando
que del hábito no dé
jamás limosna.
Junípero	Yo he dado
lo que me parece a mí
que no me hace falta.
Francisco	Vamos,
tomará en la ropería
un hábito.
Junípero	Padre amado,
déjeme que en penitencia
pues no sé lo que me hago,
vaya hasta allá de rodillas.

(Híncase de rodillas y va tras san Francisco.)

Francisco	Levante.
Junípero	No me levanto
menos que en llegando allá.
Francisco	No vi prodigio más raro
de santidad y humildad.
que el celo de este soldado.
¡Quién tuviera contra el Mundo,
la Carne y Demonio, un campo!

Fin de la Jornada primera

Jornada segunda

(Entra Junípero con otro, hábito, puesta una guirnalda; saca una imagen de Nuestra Señora; esté hecho un altar, donde la pondrá, y cantan dentro los músicos.)

Músicos   Esta maya se llevó la flor,
                       que las otras no.

Junípero   Ahora os quiero poner,
                       hermosa maya del cielo,
                       en el tálamo dichoso
                       que mis manos os han hecho;
                       pues sois Reina y sois tan sabia,
                       perdonad mi atrevimiento;
                       que si no llegan las obras,
                       se aventajan los deseos.
                       ¡Qué linda maya que hacéis!
                       Canten, hermanos; ¿qué es esto?
                       Los músicos se me han ido;
                       en verdad, que no lo han hecho,
                       como de ellos se esperaba;
(Toma un pandero.) Pero aquí está mi pandero,
                       que habrá de suplir sus faltas:
                       gente pasa; comencemos
                       a pedir con vuestra gracia
                       y licencia; que hoy os tengo
                       de juntar para un vestido,
                       maya del mayo del cielo.

(Sale Alejandro.)

(Canta Junípero.)   Dé para la maya,
                       gentil caballero;

      más vale la gloria
      que todo el dinero.

(Los músicos dentro:)   Y responden del cielo:
      ¡Viva la maya, viva!
      Y en dulces versos,
      alabanzas divinas
      todos cantemos
      a la gala de la gracia,
      la flor del cielo.

Alejandro   Tome, hermano.

Junípero   Deme, hermano;
      que Dios le ha de dar su reino,
      y la maya que está allí.
      No tenga a traidores miedo;
      que yo rogaré por él
      a Dios.

Alejandro   Canta, buen Tercero;
      no tengo que temer nada.

(Vase.)

Junípero   Vaya con Dios.

(Entra Camilo.)

Camilo   Este, creo
      que era Alejandro, y me importa
      hablar con él.

Junípero   ¡Ah, buen viejo!

	Limosna para la maya,
	y pierda del pensamiento
	esa intención maliciosa
	que de vengarse le ha vuelto;
	que Dios le dará venganza.

Camilo   Tome, padre; que en su pecho
                  pienso que Dios está hablando.

Junípero   ¿En tan humilde aposento
                  quería que hablase Dios?
                  Lo que por Dios le aconsejo,
                  es que se sosiegue ahora
                  y esté con Dios muy contento.

Camilo   En esta simplicidad
                  parece que vive el cielo.

(Vase.)

Junípero   ¿Qué os parece, maya mía?
                  Esta vez os vestiremos,
                  que se va, a pesar del malo,
                  juntando lindo dinero.

(Entra el Demonio, de galán.)

Demonio   ¡Que este simple pueda tanto
                  contra mi brazo soberbio!
                  Pasar tengo, aunque los ojos
                  viendo este Sol queden ciegos,
                  y decir dos pesadumbres
                  que le alboroten el pecho
                  a este ignorante, aunque tiene

                    tan bajos los pensamientos.

(Junípero con su pandero.)

Junípero   Dé para la maya,
                    gentil caballero;
                    más vale la gloria
                    que todo el dinero.

(Dentro los músicos.)   Y responden del cielo:
                    ¡Viva la maya, viva!
                    Y en dulces versos,
                    alabanzas divinas
                    todos cantemos
                    a la gala de la gracia,
                    la flor del suelo.

Demonio   ¡Humilde soberbio, aparta,
                    que con locos fingimientos
                    estás engañando al mundo!

Junípero   ¡Oh, bellaco, ya te entiendo!
                    Mira, no hay cosa ninguna
                    mala que yo no haya hecho,
                    y confieso a Dios que soy
                    el más mal hombre del suelo.

Demonio   ¡Oh, pese a tanta humildad!

Junípero   Pues ¿hay hombre más soberbio
                    que yo en el mundo, bellaco?
                    Vuélvete, tonto, al infierno;
                    que tú no tienes qué dar
                    a la maya, según esto,

	porque en perdiendo la gracia, perdiste todo el dinero.
Demonio	Con nuevos tormentos voy: no hay asirle un pensamiento.
Junípero	Porque vayas más corrido, te he de cantar estos versos, pelón pelado, que no tienes blanca ni cornado.

(Los músicos dentro.) Y responden del cielo:
¡El enemigo muera
a sangre y fuego!
¡Al arma, guerra, guerra!
¡Muera el infierno!

Demonio	Ya no puedo resistir más agravios.

(Vase.)

Junípero	Oye, fiero.

(Los músicos dentro.) ¡Victoria por el cielo y por el suelo!
¡El enemigo muera a sangre y fuego!

Junípero	Con linda flema venía el señorito echacuervos, estando yo con mi maya.

(Entra Morcón de soldado, roto.)

Morcón	A famosa ocasión llego

	si Junípero no da en que soy el cojo.
Junípero	Presto tendremos para el vestido.
Morcón	Padre, ¿habrá de ese dinero para este pobre soldado?
Junípero	A esto, hermano, yo no puedo llegar, porque es de mi maya; perdone por Dios.
Morcón	Pues ¿tengo de irme sin consuelo alguno?
Junípero	A mí me pesa, por cierto; pero no tengo qué dalle.
Morcón	Deme el hábito.
Junípero	No puedo pena de obediencia, dalle, y es pedille sin provecho; pero si él se atreve, hermano, a quitármele del cuerpo, aquí estoy.
Morcón	Eso es muy fácil.
Junípero	Ea, pues...
Morcón	Estese quedo.

Junípero	No hay bronce como yo; acabe, porque se me pasa el tiempo de pedir para mi maya, que importa más.
Morcón	Esto es hecho; adiós, fray tonto.
Junípero	Fray falso cojo, adiós.
Morcón	¡Viven los cielos, que me conoció! Mas ya no importa conocimiento.

(Vase.)

Junípero	Yo he quedado bueno agora: desta suerte, ¿cómo puedo volver a los ojos santos de mi padre y mi maestro Francisco? Ayudadme vos, maya mía, ¿más qué es esto?

(Con música aparece debajo un niño vestido de peregrino con llagas en pies y manos con el hábito de san Francisco en la mano.)

Niño	Llega, Junípero, llega.
Junípero	Hermoso niño, ya llego.
Niño	Junípero, los servicios paga desta suerte el cielo; que el que a mi madre y a mí

sabe vestir, está puesto
en razón que yo en persona,
pagándole su buen celo,
le traiga con qué se vista,
para que los dos andemos
de una librea vestidos.

(Vístesele Junípero el hábito y ha de estar lleno de estrellas; eche las estrellas fuera, de oropel o papel amarillo.)

Junípero ¡Oh, mi bien, que galán quedo!

Niño Yo me voy, truhán divino
de mi palacio, a quien quiero,
tanto, que de mi persona
doy vestidos.

Junípero ¡No tan presto:
esperad un poco, amores.

Niño Otro día nos veremos:
volved, Junípero amigo,
con vuestra maya, que el cielo
está de vos envidioso
oyendo vuestros requiebros,
y yo celos he tenido.

Junípero Y con razón tenéis celos,
porque quiero a vuestra madre
más que a mi vida, por cierto.

Niño Adiós, Junípero mío.

(Vase.)

Junípero Vos os vais y con vos quedo:
¡qué estrellado que he quedado!
Si me ven en el convento
desta suerte, ¿qué dirán,
siendo yo un tonto y un necio?
Yo os volveré del revés,

(Vuélvese el hábito lo de dentro afuera.)

Hábito de estrellas lleno,
que es del cielo bordadura
y adentro hará más provecho.
Ya es noche, señora maya,
aunque con vos nunca tengo
sino Sol, albas y días;
venid, maya de mi vida,
y de camino, pidiendo
iremos a los amigos,
porque todos lo son vuestros,
pues que sois madre de todos
y Reina de cielo y suelo;
comencemos a cantar,
y vamos; que presto espero
en vos y en el niño mío,
vuestro hijo, Jesús nuestro,
que el hábito he de pagaros,
aunque le pese al infierno,
con un bizarro vestido
estrellado de deseos.

(Cantan.) Dé para la maya
todo el mundo entero;
más vale la gloria

                        que todo el dinero.

(Músicos dentro.)   Y responden del cielo:
                     ¡Viva la maya, viva!
                     Y en dulces versos,
                     alabanzas divinas
                     todos cantemos
                     a la gala de la gracia,
                     la flor del suelo.

(Vase y salen Salicio y Lauro, labradores y traen a Silvia endemoniada.)

Lauro   Tenelda bien agarrada
                mientras a la portería
                llamo yo; que ser podría
                que volviese bien curada
                    si fray Francisco la ve,
                que es del suelo maravilla.

Salicio   Ya tocó la campanilla:
                gran dicha será que esté
                    fray Francisco en el convento,
                que nunca sosiega aquí:
                ya pienso que abrieron.

Lauro   Sí.

(Sale Morcón, de fraile.)

Morcón   Deo gracias.

Lauro   Por siempre.

Salicio   El viento,

	de espumajos siembra agora
	por que Deo gracias oyó.
Lauro	Dios de su mano dejó
	a esta pobre pecadora.
	Padre, y a esta espiritada...

(Hace visajes y forceja.)

	Si está el padre fray Francisco,
	en casa, que de este aprisco
	y soberana manada
	es soberano pastor,
	háganos merced, si puede,
	de llamarle, porque quede
	con su divino favor
	esta mujer remediada.
Morcón	Sí haré, hermanos: lindamente
	va refiriendo la gente
	que soy fraile: en extremada
	imaginación caí
	con el hábito del santo
	simple, pues puedo, entretanto
	que haya otra cosa, y por mí
	pasa esta necesidad
	como nublado, comer;
	porque nadie ha de entender
	en tan gran comunidad
	de frailes, que no lo soy;
	y hoy me pidió fray García
	que asista en la portería,
	y así, en su lugar estoy.

| Lauro | Váyanos, padre, a llamar
a fray Francisco.

| Morcón | No puedo
a solas, hermano, un credo
la portería dejar
   hasta que mi compañero
venga: con paciencia estén,
que todo se ha de hacer bien.

| Lauro | En Dios y en el padre espero
   que ha de quedar sosegada
Silvia de este fiero mal.

| Morcón | De todo el bando infernal
no se les dé, hermanos, nada
   mientras yo en la portería
de nuestro convento esté;
mas dígame, ¿cómo fue
esta desdicha?

| Lauro | Iba un día
   Silvia a lavar a una fuente
que está de nuestro lugar
una milla, y a pesar
de su padre; inobediente,
   no sé qué le respondió
a su padre, y la maldijo,
y del modo, que lo dijo
al punto le sucedió;
   que viniendo ella esparciendo
mil furiosos espumajos,
hablando mil latinajos
y mil secretos diciendo,

llamamos al sacristán
y al cura, con quien habló
griego, aunque él no lo entendió,
y hubo entre ellos un batán
   de demandas y respuestas,
y aunque más por alto anduvo
el hisopo, nunca tuvo,
a mil razones molestas
   que el cura y el sacristán
la dijeron, un momento
de quietud; y a este convento,
que tan grande nombre dan
   en Viterbo, por que en él
vive, amparando a Viterbo,
de Dios este humilde siervo,
porque de aqueste cruel
   monstruo la libre, venimos.

(Forcejea con ellos.)

Morcón   Lástima es, por cierto, vella.

Salicio   Aun no podemos tenella.

Lauro   Padre, ya que merecimos
                       que con nosotros esté,
                  porque cuando vuelta demos
                  a Viterbo, le busquemos,
                  háganos tanta merced
                       de que su nombre nos diga.

Morcón   En el siglo me llamaba
                  Morcón, cuando en él andaba,
                  y la obligación me obliga

	ahora a llamarme en ella fray Morcón.
Lauro	Buen nombre tiene.
Morcón	Es de menudo; ya viene nuestro padre.

(Entra Francisco.)

Lauro	Esta doncella, padre fray Francisco, amparo de Viterbo, remediad, pues contra su enfermedad, que os da Dios poder es claro; de un espíritu cruel que la aflige, en vos espera el remedio.
Francisco	El cielo quiera, hermanos, librarla de él; que si de arriba no viene, es muy flaco el poder mío; pero, en su clemencia fío, pues es tanta la que tiene con nosotros, que tendrá remedio el mal que la aflige.
Lauro	Salicio, ¿yo no lo dije?
Salicio (Forcejea con ellos.)	De aquesta vez vuelve allá, Lauro, como una manzana, aunque parece que agora está más feroz.

Lauro   Que llora
             Francisco, parece.

(Llore Francisco.)

Francisco   ¡Oh, vana
             confianza de los hombres
             en las cosas de la tierra!
             ¡Cómo el que no os busca yerra,
             Dios de soberanos nombres!

Salicio   De la tierra nos levanta
             con el furor infernal.

(Hace visajes y forceja.)

Francisco   Sentalda.

Salicio   No se vio igual
             furia, ni fiereza tanta.

Francisco   Déjala, bestia maldita,
             sentar.

(Siéntanla.)

Silvia   Francisco, ¿qué quieres?
             Que salga de aquí no esperes;
             en vano lo solicita
               tu poder.

Francisco   Con el de Dios
             no lo solicito en vano;

     que es su poder soberano.

Silvia   ¡Qué amigos que sois los dos
      Pues ¡vive todo el infierno,
     que la silla que fue mía
     y que yo perdí algún día
     por su injusto enojo eterno,
      que no ha de ser tuya, aunque
     te la tiene destinada;
     que no ha de verse ocupada
     del que menos que yo fue,
      de un hombrecillo tan vil,
     de un hijo de un mercader,
     siendo yo el que pude ser,
     luz del celeste viril!

Francisco Cuando Dios, bestia maldita,
     que todas mis culpas ve,
     que yo para siempre esté
     en los infiernos, permita,
      allí viviré contento
     siendo voluntad de Dios.

Silvia   Yo romperé entre los dos
     la amistad; que al firmamento
      sé revolver, y quebrar
     de las más altas esferas
     las celestes vidrieras,
     y el asiento trasladar
      en que yo estaba, al infierno,
     donde para siempre estoy,
     y de mi soberbia soy
     juez y verdugo eterno,
      contra quien no ha de valerte

tu humildad y mendiguez;
y si es posible otra vez
contra Dios, contra la muerte,
   volveré a poner mi silla
adonde el cielo se asombre,
porque Dios no la dé al hombre,
y al hombre que más se humilla;
   si fuera un Nembrot, que el cielo
quiso escalar, o un Nerón,
Arrio o Nestorio, que son
los más soberbios del suelo;
   a una mujer, por hermosa
desvanecida; a un tirano
rico, mentiroso y vano,
inútil para otra cosa;
   a un soberbio sacerdote
murmurador y malquisto,
que siendo Cristo, es de Cristo
el más enemigo azote;
   a un letrado satisfecho
con más soberbia que ciencia,
o a un mercader sin conciencia
con un infierno en el pecho;
   a un glotón, a un temerario,
a un deshonesto, a un valiente,
a un ingrato, a un maldiciente,
a un sacrílego, a un voltario,
   a un blasfemo, a un fanfarrón,
de sus letras y nobleza;
mas a un humilde, es vileza,
es afrenta, es sin razón:
   a un humilde...

Francisco   No me admira

	que aborrezcas la humildad, inventor de la maldad y padre de la mentira.
Silvia	Si a pensar te persuades que miento, tú sabrás hoy, aunque no quieras, que soy boca de decir verdades; que un fraile que pasa allí al refectorio a cenar, escandaliza el lugar.
Morcón	Y yo estoy temblando aquí; quiero escurrirme, porque no me descuerne la flor; que este demonio traidor, todo lo sabe y lo ve. Quiero, si puedo, gozar, yéndome de la ocasión.
Silvia	¿Adónde vais, fray Morcón?
Morcón	¡Que conmigo hubo de dar al fin!
Silvia	Debes de entender que no te conozco yo.
Morcón	¡Pesar de quien me parió! Esta vez me echa a perder.
Silvia	Lindamente has engañado al convento; industria ha sido, pues con haberte fingido

| | fraile, has comido y cenado
siendo un bellaco bribón
de vida anchurosa y larga. |
|---|---|
| Morcón | Echado se ha con la carga;
aquí acabó fray Morcón. |
| Silvia | ¿Qué es lo que quieres hacer
conmigo agora? |
| Francisco | Que salgas,
sin que de industria te valgas
del cuerpo de esa mujer. |
| Silvia | Francisco, intentas en vano
esa empresa hasta morir. |
| Francisco | No importa; tú has de salir
aunque no quieras, tirano:
de parte de Dios, maldita
bestia te lo mando. |
| Silvia | Aquí
me ha puesto él mismo, y ansí,
vanamente solicita
poder, hermano, arrojarme
del imperio donde estoy. |
| Francisco | Pues mira que a llamar voy
a Junípero. |
| Silvia | Obligarme
con más humildad procuras. |

Francisco   Junípero ha de venir
                 cuando no quieras salir.

Silvia   De sus humildes locuras
                    huyendo al infierno voy;
                 que no lo puedo esperar.

(Cae Silvia en tierra.)

Francisco   Vete, que aquese lugar
                 mereces.

(Sale Junípero tiznado.)

Junípero   Mi padre, ¿soy
                 de provecho en algo acá?

Francisco   ¿De dó viene tan tiznado?

Junípero   Allá en la cocina he estado.
                 Díganme, hermanos, ¿está
                    muerta esta hermana?

Lauro   No, padre;
                 espiritada venía,
                 y Dios, que su gracia envía,
                 río que sale de madre,
                    a los suyos, la libró
                 por intercesión de nuestro
                 padre.

Junípero   Es padre y maestro,
                 que humildad nos enseñó.

Lauro   Y ansí rendida ha quedado.

Francisco   El lobo infernal estaba
                         rebelde, y amenazaba,
                         de ese cuerpo apoderado
                         el alma, rendida ya,
                         y con Junípero yo
                         le amenacé, y se partió
                         donde para siempre está.

Junípero   Padre, hizo mal; que tenía
                         que decille a ese bellaco
                         malquisto, tramposo, urraco,
                         dos pesadumbres.

Francisco   Venía
                         para no poder sufrillo.

Junípero   ¿Cuándo, está el bellaco menos?
                         Hermanos, miren, sean buenos,
                         porque el infernal caudillo
                            nunca se atreva jamás
                         mirar lo que pasa aquí:
                         ya vuelve la hermana en sí.

(Vuelve del desmayo.)

                         Venga, hermana.

Salicio   Silvia, ¿estás
                         para venir por tu pie
                         al templo?

Silvia   Dejad primero

| | que a este dichoso lucero
de la santidad, le dé
  las gracias de mi remedio. |
|---|---|

Francisco   Eso a Dios; que yo no soy
sino un gusano, que estoy
del infierno y cielo en medio,
  con el aliento que Dios
para buscarle me da.

Silvia   El cielo cifrado está,
padre, en vosotros dos.

Morcón   No han hecho caso de mí:
de nones debo de estar.

Junípero   Ea, hermanica, a rezar.

Silvia   Desde hoy, para Dios nací.

(Vanse Silvia, Lauro y Salicio.)

Francisco   ¡Hermano Morcón!

Morcón   ¿Qué manda,
padre, Vuestra Reverencia,
que aquí estoy con obediencia?

Francisco   El que a engañar se desmanda
  la religión, es razón
que así sea castigado,
pues sin seso ha profanado
la sagrada religión;
  quítese el hábito luego

	y váyase por allí.
Morcón	Padre, el hábito está aquí:
	ni lo excuso ni lo niego;
	aunque el padre me le dio
	de limosna cierto día
	que necesidad tenía.
Francisco	Pues ¿no le he mandado yo,
	Junípero, que no dé,
	pena de santa obediencia,
	el hábito?
Junípero	A su conciencia
	dejo el decir cómo fue.
Morcón	Si a ella lo deja, yo digo
	que él me lo dio.
Junípero	Miente, hermano,
	porque por su propia mano,
	que Dios es mejor testigo,
	el hábito me quitó
	que tiene; bien es verdad:
	que fue con mi voluntad
	yo consentí, y él obró.
Francisco	Y este hábito, ¿de quién es?
Junípero	Pues nuestro padre lo ignora,
	no puedo decirlo agora:
	yo se lo diré después.
	Váyase, hermano Morcón,
	y muestre con obediencia

        mucho, amor, mucha paciencia;
que el padre tiene razón:
   consuélese con Adán,
que era mejor que no, él,
y del terrenal vergel
   le echaron menos galán.

Morcón   Padres, en todo el lugar
mi culpa es bien que pregonen:
por el hábito perdonen,
porque me le he de llevar;
   que quiero hacerle dinero
para pasar mi camino;
que vale en Viterbo el vino
más caro que el pan, y quiero,
   con licencia de los dos,
ir a tratar esta tarde
salir de Viterbo; guarde
a Sus Reverencias Dios.

(Vase y llévase el hábito.)

Junípero   Lo mismo me hiciera yo,
a tener necesidad.

Francisco   ¡Qué extraña simplicidad!

Junípero   ¿Esto, padre, le espantó?
   Pues ayer hice quitar
también a una hermana vieja
que un momento no me deja
de pedir e importunar,
   de aquel frontal carmesí
que tiene el altar mayor,

	que dio, yendo aquel señor a Loreto por aquí, las campanillas de plata para sustentar sus hijos, y mostrando regocijos se fue.
Francisco	Sin duda que trata de destruir el convento.

Junípero	Tiene razón; soy un loco
	y una bestia, y digo poco:
	¿qué más hiciera un jumento?
	   En verdad, que merecía
	en esta carne traidora
	diez disciplinas agora
	con que pasara crujía,
	   y que me sacara un potro
	por las calles a arrastrar;
	que aquesto fue desnudar
	un santo por vestir otro.

(Vanse.)

(Salen Casandra y Alejandro.)

Alejandro	¿Por qué han de ser vuestros ojos, hermosísima Casandra, hasta eclipsarse, dos soles, pues esto en el Sol es falta? ¿Por qué a mis tiernos suspiros han de estar vuestras entrañas cerradas, habiendo sido de mi noche hermosas albas?

                        ¿Qué es esto, Casandra mía?

Casandra   ¿No te parece que hay causas,
                Alejandro, para estar
                eclipsada y sepultada?
                ¿No es falta, primo, de amor,
                ni tibieza ni mudanza,
                sino la causa forzosa
                que de la gente me aparta,
                porque el amor que te tengo
                por papeles y palabras
                confirmado durará
                tan inmortal como el alma;
                que las mujeres que tienen,
                primo, obligaciones tantas,
                en la firmeza jamás
                a sus amantes engañan.
                Mi padre salió, Alejandro,
                a buscarte esta mañana
                con intención de que trates
                de ser mi esposo, pues falta
                tan poco, que solamente
                de mi padre se aguardaba
                la resolución, que dice
                que quiere verme casada
                antes que su muerte vea,
                que casi a sus puertas llama,
                pues dicen ya que no hay fuego
                las cenizas de sus canas.

Alejandro   Casandra, querida prima,
                pésame que ocasión haya
                en que no pueda acudir
                a lo que tan bien me estaba,

| | porque mientras que tu padre
su afrenta no desagravia
por sus deudos o por él,
el ser tu esposo, Casandra,
no me está bien; que no quiero,
que de ti, con esta mancha,
a mí traspases la infamia.
Toca a los hijos y nietos,
y mientras no está vengada,
ni me caso, ni me toca,
aunque soy su deudo, tanta,
que es transversal parentesco;
y en estando tú casada
conmigo, soy hijo, y luego
toda la afrenta me carga. |

Casandra   ¿Esto es lo que tiene en ti
           mi fe, Alejandro?

Alejandro   ¡Casandra,
           sabe, el cielo, que te adoro;
           pero en llegando a que haga
           cosa contra el honor mío,
           Dios ni la razón lo mandan!
           Deja que corran los tiempos;
           que aunque Nicolás se guarda
           en su castillo, algún día
           podrás tener de él venganza,
           pues mis deudos y los tuyos
           no se duermen.

Casandra   Aguarda.

Alejandro   Viene tu padre, y no quiero

                        perder, Casandra, a sus canas
                        el respeto que las debo,
                        si el casamiento me trata.
                        Guárdete Dios.

(Vase.)

Casandra   ¿Que esto escucha
                        mujer como yo?, mal haya
                        la que con obligaciones
                        vuelve a ninguno, la cara;
                        imal haya la que no miente,
                        la que no, es mudable, ingrata,
                        la que con palabras solas,
                        obras y palabras paga;
                        y mal haya yo, que puse
                        en hombre las esperanzas,
                        que de su amor hice siempre
                        comodidad para el alma!
                        Vertiendo veneno estoy:
                        mi padre ha entrado.

(Entra Camilo.)

Camilo   Casandra,
                        ¿no estaba Alejandro agora
                        contigo aquí?

Casandra   Sí, aquí estaba.

Camilo   ¿Fuese?

Casandra   Imagino que sí.
                        ¡Sueño parece que pasa

                    hoy por mí!

Camilo   Hija, ¿no sabes
            que yo buscándole andaba?

Casandra   Yo imaginé que le hubieras
            hallado.

Camilo   He estado en la plaza,
            ocupado en ver pasar
            a la discreta ignorancia,
            a la santidad humilde
            que de Viterbo se ampara,
            en Junípero y Francisco,
            que parten a la jornada
            del monte de Albernia, donde
            el milagro de Asís pasa
            los más años la cuaresma
            de san Miguel, en sus altas
            cumbres, porque al año ayuna
            cuatro cuaresmas que abrazan
            casi todo el año junto;
            y allí con Dios se regalan
            en aquella soledad
            que es compañía del alma,
            y es de ver de la manera
            que se despiden de cuantas
            personas hay en Viterbo,
            y por las calles y plazas,
            hombres, niños y mujeres,
            lágrimas tiernas derraman,
            diciendo que con su ausencia
            a todos el bien les falta,
            el amparo y el remedio,

            y ellos a todos abrazan,
            ricos de piedad divina,
            llenos de lágrimas santas,
            sin prevención de camino
            más que unas pobres sandalias
            y unas arguenas vacías,
            que hasta estar en el camino,
            de nadie reciben nada;
            y para más perfección,
            toda esta pobreza guardan;
            fuéseme el alma tras ellos:
            y ¡qué bien que fuera el alma,
            si en tan dulce compañía
            ir mereciera, Casandra!
            Pero yo vuelvo a buscar
            a Alejandro.

Casandra   Es excusada
            tu diligencia.

Camilo   ¿Qué dices?

Casandra   Que no he de ser, si me matas,
            mujer de Alejandro yo.

Camilo   ¿Estás loca? ¿Qué es la causa
            que te ha mudado, tan presto?

Casandra   ¿Ser mujer no basta?

Camilo   Basta,
            pero no ser hija mía.

Casandra   El estar determinada

	lo vence todo; ya tengo elegido quien me iguala, por esposo, en el lugar de Alejandro.
Camilo	¿Quién, ingrata?
Casandra	Tu enemigo Nicolás
Camilo	¡Estás loca!
Casandra	Tengo causas bastantes para estar loca.
Camilo	¡Daréte muerte villana!
Casandra	Yo sé que busco tu honor, y cuando no le buscara, lo precipitara todo solo por tomar venganza.
Camilo	No te entiendo.
Casandra	¿A ti, te importa que no me entiendas?
Camilo	Aguarda.
Casandra	No hayas miedo, que por mí falte el honor a tu casa.

(Vase: sale Morcón, de camino, de peregrino.)

| Morcón | Miente quien camina a pie |

y quien no teniendo blanca,
convida a nadie a comer
y dice que no se cansa;
aunque no me ha sido el traje
con que vengo de importancia
tan poca, que recogida
no lleve alguna ganancia;
porque diciendo: «A este pobre
romero o ciprés que pasa
a Loreto en romería»,
todo caminante alarga
al peregrino Morcón
lo que puede. ¡Linda traza
para comer y cenar,
si a pie no se caminara!
¡Oh, válgate Dios por legua
más larga que una esperanza
de un pretendiente, y más necia
que quien de linaje trata!
No tuvieras una venta
al pie de aquesta montaña,
aunque en ella hubiera un Judas!
Legua estoque, legua lanza,
legua asador, legua censo,
legua pleito, legua trampa,
legua vida perdurable,
que nunca jamás se acaba:
río pienso que hay al paso,
si la vista no me engaña;
¡qué linda ayuda de costa
para una legua muy larga,
porque no descubre puente
por donde pasar, ni barca
que tenga a falta sus veces!

¡Siempre me persigue el agua!
¡Qué falsita que se ríe
entre arena y guijas blancas,
brindis haciendo a los ojos,
y luego en unas tercianas
huirá de un hombre mil leguas
por no ayudarle! Bien haya
el vino, que es, en efecto,
hombre de bien que no falta
a nadie en las ocasiones.
Quiero, sobre la esmeralda
desta margen esperar
bestia que de esotra banda
me pase, pues es tan cierto
que en ninguna parte faltan,
y más siendo este camino
el cosario de la marca
de Ancona: gente parece
que viene, aunque somos pata
para la traviesa y todo,
que pienso que también marchan,
como yo al pie de la letra;
frailes parece que pasan,
sin duda, a Roma o Loreto.

(Entran san Francisco y Junípero, de camino con báculos.)

Francisco   Junípero, estas montañas
            un grande bien me prometen.

Junípero   Padre nuestro, si se cansa
            del camino, pues es fuerza,
            que son las leguas muy largas,
            súbase en mí y haga cuenta

	que soy un jumento.
Francisco	Basta su dichosa compañía por descanso.
Junípero	Si una albarda pide, padre, de limosna en esta aldea cercana, irá en mí muy a placer a todas estas jornadas, mucho mejor que en el asno más valiente que hay en casa; que no es bien que el suelo toquen esas venturosas plantas que han de pisar las estrellas de gloria eterna bordadas, con gran dicha; que los pies que en tan buenos pasos andan ha de regalarles Dios con mercedes soberanas.
Morcón	Ellos son. ¡Padre mío! ¡Fray Junípero!
Junípero	Deo gracias, hermano Morcón: ¿adónde?
Morcón	A Roma por todo.
Junípero	Vaya, hermano, muy norabuena, y convierta allá sus gracias en gracias y jubileos.

Morcón   A eso voy.

Junípero   ¿Qué es lo que aguarda
                ahora?

Morcón   Padre, una bestia
                que me pase a esotra banda,
                por no mojarme en el río
                los Pies, que padezco extrañas
                enfermedades del pecho.

Junípero   Si de mí, hermano, se agrada,
                no hay jumento como yo:
(Apártanse a un lado.)   ya me quito las sandalias.

Morcón   Haráme mucha merced.

Francisco   Que me está diciendo el alma,
                río de Albernia, parece
                que en vuestros montes me aguarda
                un grande bien; mas ¿qué niño
                es ése de hermosa cara,

(Aparece el Niño Jesús, entra de pastor, sentado en una peña, con su cayado en la mano.)

                que en traje de pastor veo
                sobre aquella peña parda,
                que es, con envidia del Sol,
                el Narciso destas aguas?
                No he visto mayor belleza
                pastor hermoso, que guardas
                en tan tierna edad ovejas,

| | simples corderos o cabras,
¿que esperas aquí? |
|---|---|
| Niño | Que venga
quien me pase, a esotra banda,
porque tengo en la otra orilla
mi ganado y mi cabaña. |
| Francisco | Yo te pasaré en mis hombros,
y dentro de mis entrañas,
siendo para mi deseo
dulce y venturosa carga. |
| Niño | Agradecido recibo
obra tan buena. |
| Francisco | Levanta
y vamos, pastor hermoso;
que ya aprisa se descalzan
mis pies y humildes deseos. |
| Niño | Vamos, santo patriarca
de tu religión. |
| Francisco | Pastor,
subid en mi humilde espalda. |
| Niño | A quien sustenta con ella
la iglesia de Cristo santa,
no hay peso que le derribe:
comienza a pasar las aguas,
nuevo Moisés. |
| Junípero | Mi padre, |

>   Francisco, pienso que pasa
>   hermano Morcón, el vado,
>   si las sombras no me engañan,
>   con un pastorcillo a cuestas
>   que al Sol en belleza iguala,
>   y parece con los dos
>   el río un cielo.

Francisco   En el agua,
              otro Cristóbal parezco.

(Entrase san Francisco con el Niño, como que pasa el río.)

Junípero   Vamos, hermano Morcón.

Morcón   El cielo le satisfaga,
              padre, este bien.

Junípero   No se ponga de
              suerte que luego caiga;
              agárrese bien de mí.

(Cógele a cuestas.)

Morcón   No ha de haber peste ni sarna
              tan pegada como yo.

Junípero   Vaya Dios en nuestras almas;
              alce los pies, no se moje.

Morcón   ¿Hasta dónde llega el agua?

Junípero   Arriba de las rodillas.

Morcón   No he de tocarte, bellaca.

Junípero   Diga, hermano Morcón, ¿lleva
dineros?

(Vale pasando.)

Morcón   Padre, no faltan,
para pasar el camino,
hasta once julios en plata.

Junípero   Pues, hermano, nuestra Regla,
que nunca traigamos manda
una blanca con nosotros,
y no puedo quebrantarla:
perdone.

Morcón   ¿Qué quiere hacer?

Junípero   Dejarle, hermano, en el agua;
que no he de hacer de Francisco
ofensa a la Regla santa;
no viene muy hondo el río:
adiós.

(Déjale caer en el agua, y vase.)

Morcón   Motilón, aguarda,
que ¡vive Dios, que he de hacerte
que me sueñes! Nunca falta
quien dé venganza a ruines;
mas yo tomaré venganza:
de vos, agua, con la boca,
y de ti con una estaca.

(Bebe y vase saliendo como que pasa agua, y salen san Francisco y el Niño.)

Niño   Aquí le pienso pagar,
            Francisco, a tu santo pecho
            esta amistad que me has hecho,
            que hoy de comer te he de dar;
              ya nos aguarda la mesa,
              puesta en la cabaña mía.

Francisco   A tan venturoso día
            me llamaba el alma apriesa.

(Descúbrese una mesa, y en ella los misterios de la Pasión en platos: en uno, la corona de espinas, en otro, los clavos; en otro, los azotes; en otro, la esponja, y en otro, el hierro de la lanza.)

Niño   Sentémonos a comer.

Francisco   El alma corre con vos
            mil glorias.

(Entra Junípero.)

Junípero   ¿Piensan los dos
            que a solas se lo han de haber?
              pues también yo estoy acá.

Niño   Venid muy enhorabuena.

Junípero   En casa que está tan llena,
            para todo el mundo habrá,
              pues desde el hombre al gusano

         tenéis, cuando es menester,
         cargo de dar de comer,
         que tenéis muy larga mano.
          De vuestro palacio soy
         el truhán y el chocarrero,
         y hoy, que hay convidados, quiero,
         pues a vuestra mesa estoy,
          entreteneros cantando:
         vaya de gusto y locura,
         que ya le está a mi ventura
         un instrumento brindando.
          Y tened en la memoria
         de darme, pues es ansí,
         de gracia un hábito aquí
         y allá unas calzas de gloria.
          Empezad a decir vos.

Niño   Estos platos, huésped mío;
         que quien ha pasado un río
         con todo el peso de Dios,
          bien ha menester comer.
         Ese azote y esa mano
         que me ofendieron humano,
         dos principios pueden ser.

Junípero   Y yo de alegraros trato,
         aunque siempre lo está Dios:
         acordaos, Francisco, vos,
         de levantarme algún plato.

(Canta Junípero:)   Si queréis que lo diga, dirélo,
         mas habéismelo de pagar:
         por cada palabra un cielo,
         que yo no pretendo más.
         Pelícano parecéis,

	y en ello no hay que dudar,
	pues tenéis abierto el pecho
	y la sangre al hombre dais.
	Pero otro apodo mejor
	esta vez os quiero dar,
	que sé que acertaré en él
	mejor que en comer Adán:
	digo, divino Pastor,
	que el apodo esta vez va,
	que os parecéis a vos mismo,
	que no hay más que desear.
	Si queréis que lo diga, dirélo,
	mas habéismelo de pagar.
Niño	Deste plato de mis clavos,
	llegad, Francisco, a gustar;
	que yo os prometo que presto
	Su posesión os darán.
Francisco	¡Qué bien guisada comida!
Niño	Esta corona tomad,
	porque para la cabeza,
	Francisco, es dulce manjar.
Francisco	Coronados mis deseos
	por vos, Césares serán
	del cielo, en vencerlo todo.
Niño	Si sed de beber os da,
	hiel y vinagre, Francisco,
	en aquesta esponja están.
Francisco	¡Dulce bebida es por vos!

Junípero	¿No hay algo para el truhán? Pero está el truhán muy frío; quiero volver a cantar.
(Canta:)	Si queréis que lo diga, dirélo, mas habéismelo de pagar. Reparad, Francisco, agora, que allá los apodos van, y a quien mal le parecieren, mala Pascua y mal san Juan. Parecéis con la corona, rey de la tierra y el mar, y Papa porque tenéis otra corona además; y así, cualquiera que os viere con la de espinas, dirá sois, Cristo, fraile francisco, y un Francisco de cristal. Si queréis que lo diga, dirélo, mas habéismelo de pagar.
Niño	Deste hierro de la lanza de mi costado, gustad; que es para el pecho divino alimento.
Francisco	Dentro estáis y miráis mis pensamientos, lince de amor celestial.
Niño	Pues la comida se acaba, venid en el carro ya de mi amor y de mi fuego,

que es el último manjar.

Junípero   Padre nuestro, fray Francisco,
               ¿adónde sin mí se va?
               ¿Tan solo me deja aquí?
               ¿Eso es razón y amistad?
               Lléveme, padre, consigo,
               no me deje por acá;
               espere, aguarde, que pienso
               que no le he de ver jamás.

(Cúbrese la mesa con música. Queda Junípero como elevado.)

Fin de la segunda jornada

Jornada tercera

(Sale Junípero, solo, como perdido.)

Junípero
¡Riscos que contra el cielo
levantando homenajes arrogantes
con las puntas de hielo,
os atrevéis a muros de diamantes,
raudal de plata, río!
¡Montes de Albernia, dadme al padre mío!
 ¡Valles adonde el viento
a bajar de profundo no se atreve,
y en dulce movimiento
baja en cristal la montañosa nieve
formando un claro río!
¡Montes de Albernia, dadme al padre mío!
 ¡Toda esta noche fría
busco, Francisco, tus dichosas plantas,
y me ha negado el día,
como no miro en tus estrellas santas,
la luz de quien confío!
¡Montes de Albernia, dadme al padre mío!
 ¡Ay, padre, qué olvidado
vivís de mí, como vivís agora
de un Rey siendo privado!
¡Názcame a mí también su hermosa aurora
en tan triste desvío!
¡Montes de Albernia, dadme al padre mío!
Mas ¿qué es esto? ¿Qué veo?
¿No son plantas humanas las que miro
y las que ver deseo,
asidas casi al celestial zafiro,
sangrientas y llagadas,
y con tanta razón de mí estimadas?

¡El sayal santo agora
del hábito, descubro! ¿Si ha trocado
Cristo, que le enamora,
los vestidos también con su privado,
que de ver desconfío?
¡Montes de Albernia, dadme al padre mío!

(Con música se descubren el Niño Jesús, de serafín, y san Francisco bajando con llagas en pies, manos y costado, que serán cinco cordones o listones colorados; baja de rodillas sobre un torno cubierto, sin que se parezca; el Niño Jesús queda arriba crucificado en la cruz y llagado; san Francisco abajo; se cubre el Niño arriba, y Junípero se arrodilla a los pies de san Francisco.)

Junípero   ¿De qué guerra, de qué asalto,
alférez de Dios, venís,
que tan justamente herido
vivo pudisteis salir?
¿Quién fue, capitán, de tantos
el valiente serafín
con quien os desafiasteis,
que volvéis hecho rubís?
¿Cinco heridas penetrantes
dan a un hombre sin morir?
Pues a nuestro General,
las cuatro le dieron fin.
¡Valeroso habéis estado!
¡Bien podéis ya combatir
con todo el cielo y el suelo,
luz de Italia, luz de Asís!
Desde hoy, nuestro Antonio santo,
¡qué envidioso ha de vivir,
pues sus quinas portuguesas,
en vos, Dios, trasladó ansí;

                    que aunque él sea de Lisboa,
                    a fe que podéis decir
                    que sois vos tan portugués
                    en el amar y el sentir.
                    Dejadme besar mil veces
                    esos pies: sembrad en mí
                    esos divinos claveles,
                    dulce afrenta del abril.

Francisco   Junípero, ¿es hora ya
                    de caminar?

Junípero   Padre, sí.

Francisco   Vamos.

Junípero   ¿Dónde, padre nuestro?

Francisco   Para la vuelta de Asís.

Junípero   Vamos, divino retrato
                    de Dios, que está hablando en ti
                    por pies, manos y costado.

Francisco   ¡Muriendo voy!

Junípero   ¡Por vivir!

(Vanse, y entran Camilo y Casandra.)

Camilo   Después que sé de Alejandro
                    la resolución, Casandra,
                    la que has tomado no culpo;
                    pero no ha de ser con tanta

             ventaja de nuestra afrenta,
             dando al enemigo, causa
             de mis agravios, la mano;
             que esto solamente basta
             a resolver de una vez
             a Viterbo y toda Italia,
             pues mi sangre es la mejor
             de Venecia.

Casandra   Es cosa clara,
             señor; el desprecio pudo
             en una mujer airada,
             por vengarse, disponerse
             a una hazaña tan rara;
             yo soy Casandra, tu hija,
             y no hayas miedo que haga
             nada si no es con tu gusto,
             aunque estoy determinada
             de vengarme.

Camilo   Deudos tienes
             en Viterbo que le igualan
             a Alejandro en el valor,
             con las mismas esperanzas:
             elige, Casandra, en ellos
             quién para esposo te agrada;
             que yo sé que son los celos
             quien mejor toma venganza.

Casandra   Ni es tarde, ni tengo gusto
             de estar tan presto casada,
             porque te darán los, cielos
             para verlo vida larga.

Camilo   Ya, Casandra, poco a poco
               esta pared vieja y flaca
               se torna a la sepultura.

(Dice Narcisa dentro.)

               ¿Compran natas, quieren natas?

(Entra Aurelio, criado.)

Aurelio   ¡Señor!

Camilo   ¿Qué dices, Aurelio?

Aurelio   Aquí fuera hablarte aguarda,
               de la religión francisca
               un fraile, de vida santa
               al parecer.

Camilo   ¡Si es Francisco,
               que ha vuelto a honrar nuestra patria!

Aurelio   No, señor, porque éste dice
               que fray Antonio se llama
               de Padua.

Camilo   Tengo noticia
               también, por su santa fama,
               de quién es; di que me espere,
               porque donde está Casandra
               no es bien recibir visitas.

(Vanse y queda Casandra sola, y sale Narcisa con una cestilla.)

Narciso	¿Quieren natas, compran natas?
Casandra	¿Sois vos la que las vendéis?
Narciso	A su servicio.
Casandra	No igualan las natas a vuestro rostro.
Narciso	Adónde está vuestra cara, miente el Sol, la Luna es fea, las estrellas aldeanas.
Casandra	¿De dónde sois, labradora?
Narciso	De Diana, esta cercana aldea, cuyos pajizos solares y humildes casas ilustra el noble castillo donde Nicolás se guarda de los contrarios que tiene en Viterbo.
Casandra	¿Su vasalla sois?
Narciso	Sí, soy, y a la fe que es persona bien honrada, no quitando lo presente; que lo que al pobre le achacan fue de puro bien querer; y cuanto a mí, no me espanta que de picado lo hiciese, porque los celos abrasan.

Casandra	Ya no debe de acordarse de ella.
Narciso	¿Decís de Casandra?
Casandra	De Casandra, pues.
Narciso	Ahora más de sus memorias trata; no debéis de saber bien que es la ausencia, en quien bien ama, despertador y verdugo. Con las memorias pasadas, allá tiene su retrato, que a la fe que no le falta, aunque lo lloramos todos por ídolo en nuestras andas y le adoremos después.
Casandra (Aparte.)	No hay mujer tan olvidada, que sabiendo que la quieren no agradezca con el alma. (Ya me da cuidado este hombre que antes enfado me daba, porque quiere con firmeza; que es la ley de amor.)
Narciso	¡Qué falsa la señora está conmigo, como si de allá a su casa informada no viniera!
Casandra	Ven acá.

Narciso	¿Qué es lo que manda su mercé?
Casandra	¿Acaso conoces en Viterbo a esa Casandra?
Narciso	Más que a vos; pero si yo doy con ella una mañana de las que vengo a Viterbo, como veis, a vender natas, tengo de darle un papel que traigo aquí. Enhoramala pague a quien la quiere bien; yo estoy de prisa, y me faltan muchas natas que vender. Adiós.
Casandra	Espera, aldeana.
Narciso	¿Qué mandáis?
Casandra	¡Confusa estoy!
Narciso	¿Qué decís?
Casandra	¿Cómo te llamas?
Narciso	Narcisa, a vuestro servicio.
Casandra	Adiós, pues.
Narciso	Adiós.

Casandra   Aguarda:
de prisa estás.

Narciso   ¿Qué queréis?
Que estoy aquí sin ver nada.

Casandra   ¿Quieres mostrarme el papel
que llevas para Casandra?

Narciso   Por daros, señora, gusto,
aunque el secreto me encargan,
veisle aquí.

Casandra   Vuelve, Narcisa,
por la respuesta mañana.

Narciso   ¿Luego vos Casandra sois?

Casandra   Yo soy, Narcisa, Casandra,
y quien regalarte piensa.

Narciso   ¡Hablarais para mañana!

Casandra   Lo que pude, resistíme:
calla.

Narciso   Y yo adrede os dejaba,
dándoos como a pez anzuelo,
hasta asiros las agallas
¿No soy famosa alcahueta?

Casandra   Ya a la fama te adelantas

Narciso   Después que preñada estoy,

	he dado, en cosas tan flacas, y es antojo de mujeres, porque no hay cosa que hagan con más gusto todas.
Casandra	Vete.
Narciso	Decidme, hermosa Casandra, ¿darémosle buenas nuevas?
Casandra	No puedes dárselas malas, pues que su papel recibo.
Narciso	Si a vos os llaman ingrata, no saben lo que se dicen. Adiós.
Casandra	Hermosa aldeana, adiós, y mañana espero.
Narciso	¿Compran natas, quieren natas?

(Vase Narcisa.)

(Alejandro sale, y abre Casandra el papel.)

Casandra	Rabiando estoy por saber lo que me escribe.
Alejandro	¡Oh, Casandra! ¿Dónde está el señor Camilo?
Casandra	No sé; preguntaldo en casa.

Alejandro   Aguardad.

Casandra   Tengo que hacer.

(Entrase, y al entrar deja caer la carta.)

Alejandro   ¡Qué celosa, qué picada
                  está! No hay mujer ninguna,
                  por más cuerda, por más casta,
                  que su desprecio no sienta.
                  Pero al volver las espaldas,
                  un papel se le ha caído,
                  quiero ver; que será carta
                  que a su padre le han escrito
                  de Venecia o de Ferrara,
                  y ella responde por él,
                  como ya al viejo le faltan
                  memoria y vista. Mas esta
                  letra que miro, o me engaña
                  el alma, es de Nicolás.
                  Medroso de la venganza,
                  debe escribir a Camilo
                  sobre concierto; mas carta
                  sin firma, no, puede ser.

(Lee:)   Yo leo: «Hermosa Casandra:
                  Perdón hallan fácilmente
                  las culpas de amor causadas.
                  Con vos, dicen hasta ahora
                  que Alejandro no se casa,
                  solo en razón de la ofensa
                  que os hice, hermosa Casandra.
                  Mirad la satisfacción
                  que importa más; que aquí aguarda

                        para vuestro esposo un hombre
                        que os tiene rendida el alma,
                        y en la fineza de amor
                        su inmortalidad iguala.
                        Dios os guarde más que a mí.
                        del castillo de Diana,
                        el que es vuestro más que suyo».
                        ¡Qué veneno de palabras
                        os han despertado, celos!
                        ¡Papeles tiene Casandra
                        de un traidor! Mas es mujer
                        que quiere tomar venganza.

(Entra Casandra.)

Casandra   Alejandro, ese papel
                        es mío, que cuando entraba
                        se me cayó, como veis:
                        mostralde.

Alejandro   ¡Casandra ingrata!
                        ¿Con tan loco atrevimiento
                        vuelves a mí?

Casandra   ¿Qué te espanta?
                        Si es Nicolás mi marido,
                        o lo ha de ser.

Alejandro   ¡Basta, basta;
                        que es bala tu infame lengua,
                        y con el aire me mata!

Casandra   Pues ¿tú lo sientes?, ¿por qué?

Alejandro	Eres mi prima, Casandra, y no has de hacer...
Casandra	No atribuyas los sentimientos del alma a parentescos del cuerpo, que son apariencias falsas; que para que mis intentos supieses, dejé esa carta, cuando me entraba, al descuido.

(Dale la carta.)

Alejandro	¡Toma, enemiga. Y mal haya quien celos de ti tuviere porque no tomes venganza!
Casandra	Pues guárdete Dios.
Alejandro	¡Espera, que bebo veneno y rabia por los ojos!
Casandra	Eso mismo de tu presencia me aparta que temo a los basiliscos con notable extremo.
Alejandro	¡Aguarda!
Casandra	Viene mi padre, y no quiero perder a sus nobles canas el respeto que las debo, con tus locuras.

(Vase.)

Alejandro ¡Mal haya
quien queriendo, en el honor
ni en intereses repara!
¡Mal haya, amén, el respeto
del que con acuerdo guarda,
para la razón de estado,
un aposento en el alma,
y quien lo que quiere bien,
ciegamente no idolatra!
Ya no me quejo de celos;
quiero, a pesar de Casandra,
que mi casamiento tenga
efeto, y después dejalla,
con que quedo satisfecho,
pues quedaré en su venganza
libre de los celos míos
y vengado con ventaja:
al padre quiero pedirla.

(Entran fray Antonio de Padua y Camilo.)

Diéronme el hábito en Padua
y aunque es mi patria Lisboa,
la mejor ciudad de España
y de la Europa también,
insigne en letras y en armas,
como aquella donde empieza
un hombre a vivir es patria,
y en Padua empezó mi vida
porque a Dios renací en Padua,
con su nombre me apellido.

Camilo	El vuestro es honra de Italia
y del mundo juntamente.
Antonio	Bien está: dé la su gracia
Dios, como puede, que es prenda
de aquel bien que nos aguarda.
Adiós.
(Vase.)	
Camilo	¡Qué humildad! ¡Qué ejemplo!
¡Oh! ¿Alejandro en esta casa?
Novedad me ha parecido.
Alejandro	No ha sido olvido ni falta
de la voluntad que os debo:
por obligaciones tantas
que no refiero, yo estoy,
porque idolatro en Casandra,
determinado, Camilo,
pues me obligan causas tantas,
de tomar la afrenta vuestra
sobre mí toda, y nombralla
desde hoy por mi esposa.
Camilo	El cielo
os guarde; pero Casandra
tiene ya, Alejandro, dueño,
y fray Antonio de Padua
que es este fraile francisco
que de aquí se va, la casa
de su mano, y me parece
estará bien empleada.

             Y tengo, como es razón,
             de Casandra confianza,
             que querrá lo que yo quiero,
             que no querrá que con mancha
             tengáis hijos que os hereden.

(Vase Camilo.)

Alejandro   ¡Que fue mi desdicha tanta!
             Esta respuesta es castigo
             de mi atrevida arrogancia.
             ¡Loco de celos estoy!
             ¡Ya estarás, mujer, vengada!
             ¡Vive Dios, he revolver
             a Viterbo, a Italia, a Francia,
             y con otro que Alejandro
             no ha de casarse Casandra!

(Vase, y sale Junípero con san Francisco a cuestas.)

Francisco   Ya estamos cerca de Asís:
                póngame en el suelo.

Junípero   El suelo
                vuelven vuestras plantas cielo
                cuando, en él las imprimís.
                   ¡Quién tanta dicha tuviera,
                que pusiera en él la boca,
                porque la tierra que os toca,
                es abril, es primavera!
                   Aunque venís todo el día
                en mí, satisfecho estoy
                que vendréis mal, porque soy
                bellaca caballería;

	y como venís llagado
trujereis clavos, sirvieran
de espuelas que me metieran
en paso más asentado.
Buscad, Francisco, un azote
si queréis ir al lugar,
que como estoy por domar,
tan grande bestia, ando al trote;
que no hay ya que hacer, sospecho,
aquí; pues habéis llegado
donde os habéis apeado:
voyme al establo derecho.
Francisco	Junípero, vuelva acá,
que su ayuda es menester;
que no me deja poner
el cielo en el suelo ya
estas divinas señales,
porque aunque se las dio el suelo
a Cristo, las tomó el cielo
por blasones celestiales;
pero un jumento está allí
en aquel álamo atado
paciendo la grama al prado;
tráigamele, padre, aquí,
que en él entrare mejor
llevándomele del diestro.
Junípero	¿No está mejor, padre nuestro,
pues Junípero es mayor,
honrarme y entrar en mí
en Asís, pues no hay jumento
que mejor sepa el convento?

Francisco   Padre, obedezca.

Junípero   Sea ansí,
                pues nunca sé obedecer
                y un Lucifer siempre soy;
                por el jumentillo voy,
                aunque deje de pacer.

(Vase.)

Francisco   Ya, Señor, que me convida
                el amor que en vos me inflama,
                la vida eterna me llama
                en la muerte de la vida.
                    En Asís vengo a morir,
                que este vuestro gusto ha sido;
                en lugar donde he nacido,
                al morir nazca a vivir.
                    Asís fue la Luna mía,
                y para el último paso
                ha de ser, siendo mi ocaso,
                Oriente al eterno día,
                    cuyo esplendor soberano
                nunca le toca occidente.

(Sale Junípero con un pollinito.)

Junípero   Ya está aquí, muy obediente,
                el jumento, nuestro hermano.
                    Y pues no le satisfizo
                mi jumental proceder,
                espere; que quiero ser,
                padre, su caballerizo.
                    Deme el pie: ipluguiera a Dios

se me quedara en la mano
algún rubí soberano
de los que tiene en las dos!
　Que entre cinco, no le hiciera
uno falta; pues quedaba
con cuatro, y el que me daba,
de sortija me sirviera.
　Que por estrellas ni Luna,
ni por todo el arrebol
no le trocara del Sol,
ni por imagen ninguna.
　No hay obra ni hay movimiento
en que a Dios no remedéis,
y ahora le parecéis
subido en ese jumento;
　　pues ya que en Asís entramos,
a Cristo en vos todos ven
cuando entró en Jerusalén
el domingo de los Ramos.
　No falta sino salir
gente de Asís que os reciba
con cedro, palma y oliva,
y con capas a cubrir
　　por donde el jumento vuestro,
Francisco, ponga los pies;
que es honrar propio interés,
al discípulo el maestro.
　Ya vuestro vivo retrato
es de Dios original;
pero si no pienso mal,
aunque soy un mentecato,
　　toda la gente de Asís,
porque a lo que he dicho iguale,
con música y ramos sale:

                    Francisco, ¿no, lo advertís?
                    Y echan capas por el suelo,
                    porque, puesto que sois hombre,
                    no más venís en el nombre
                    del original del cielo.

(Salen músicos cantando, y todos los que pudieren echando capas por el suelo y ramos; pase san Francisco llevando del diestro al pollino.)

Músicos   Venga con el día el alegría
                   y con el albor,
                   el divino retrato del Redentor.
                   Francisco y sus llagas norabuena vengan;
                   Francisco con ellas, que son cinco estrellas
                   que al Sol desafían.
                   Venga con el día el alegría, etc.
                     Venga a Asís Francisco
                   con sus llagas cinco
                   a hacer con sus ramos
                   domingo, de Ramos,
                   pues que le esperamos
                   con palmas y olivas.
                   Venga con el día el alegría,
                   y con el albor,
                   el divino retrato del Redentor.

(Éntranse todos, y salen fray Antonio y Nicolás.)

Antonio   Con estos casamientos quedan todos,
                   de Viterbo, los bandos acabados,
                   y la Marca de Ancona juntamente;
                   que no pudo tener medio ninguno
                   el enojo pasado, como es éste,
                   ni otra satisfacción éste que llama

	Camilo agravio, y él tomó a su cuenta y yo también, porque en aquestas cosas son en las que se sirve Dios; y nuestro padre generalísimo, Francisco, desde Venecia me llamó a este efecto cuando dejó a Viterbo con Junípero. Vos, señor Nicolás, dad a los cielos las gracias que debéis, y ellos os guarden; que he de volver aquesta tarde misma a Viterbo.
Nicolás	Dejad, divino Antonio, que bese vuestros pies y vuestras manos por las mercedes que de vos recibo; que solo vos, por español, pudiérades, y después de español, por ser tan noble y portugués, tener valor tan grande, que diese fin a cosas tan difíciles.
Antonio	Rendid a Dios las gracias del suceso, como causa primera de las causas; que yo soy solo el instrumento en esto, y no hay humana fuerza poderosa a disponer los ánimos humanos, sin que venga de arriba.
Nicolás	Así lo creo; pero yo estimo en vos, padre, el deseo; hoy, señor, si con vos mis ruegos pueden, habéis de ser mi huésped.
Antonio	Yo recibo la merced que me hacéis, mas es forzoso dar la vuelta a Viterbo, aunque en Diana

                    quiero por vos entretener el día
                    visitando los pobres, y sabiendo
                    de las necesidades de la villa,
                    a las que es justo que acudáis, pues debe
                    cualquier señor a sus vasallos esta
                    obligación, después de la que tiene
                    por la ley celestial establecida;
                    que estas cosas dan gracia y nueva vida.

Nicolás   Divino portugués, enamorado
                    de las cosas de Dios, mi hacienda es vuestra,
                    yo os doy plenaria comisión en todo,
                    para poder hacer a vuestro gusto.

Antonio   No quiero todo yo, sino lo justo.

(Vase.)

Nicolás   ¡Qué divinos soldados va juntando
                    Francisco en el ejército que forma
                    de su sagrada religión! ¡Narcisa!

(Sale Narcisa.)

Narciso   Mi alegre risa de tu bien te avisa;
                    dame albricias.

Nicolás   Al fin papel tenemos.

Narciso   Quieres adivinar sin darme albricias,
                    que aún ése tienes de Francisco y todo
                    que quieres ver si puedes, deseando
                    el gusto que tuviste y que procuras,
                    ahorrar el ser agradecido.

Nicolás	Acaba, que por albricias deste bien es poco darte a Diana y yo volverme loco.
Narciso	Toma.
Nicolás	¿Es posible que en mis manos veo un papel de Casandra? No te espantes de verme hacer locuras semejantes que esto es poco en amor que amando un hombre, si consigue algún próspero suceso, no se celebra con perder el seso.
Narciso	Abre el papel y mira lo que escribe; que no imagino que tu amor admite con tanto extremo.
Nicolás	Dice desta suerte; mas no hay en él más que el renglón primero.
Narciso	En muy buen punto están las cosas tuyas: si lo adviertes, en él te desafía.
Nicolás (Lee.)	«No se canse quien ve que no soy mía.» ¿Qué tiene que ver esto con decirme Narcisa, que agradece mis deseos? Pues cuando mi esperanza confiaba mil favores dichosos de su boca, a decir solo en un papel me envía: «No se canse quien ve que no soy mía.» ¿Qué es esto? ¡Loco estoy!
Narciso	Yo imaginara

111

| | que es sueño lo que escucho; agora digo
que no podrá entendernos el demonio. |
|---|---|
| Nicolás | ¿Qué importa que su padre facilite
por fray Antonio el casamiento mío,
si gobierna Alejandro su albedrío?
Pues ¡vive Dios, que no ha de ser su dueño
o se ha de ver Viterbo hecho ceniza,
como Troya se vio! |
| Narciso | Quiero dejarte,
pues sin traerte cosa que te importe,
por malas nuevas te he pedido parte. |

(Vase Narcisa, sale el Demonio en hábito de caballero.)

| Nicolás | ¿Tanto, Casandra, ha de durar la tema
de ser conmigo ingrata eternamente,
que no es ingratitud, sino porfía? |
|---|---|
| (Lee.) | «No se canse quien ve que no soy mía.»
¡Letra, veneno sois! |
| Demonio | Solo ha quedado,
y ésta es buena ocasión. |
| Nicolás | ¿Quién es? |
| Demonio | Un hombre,
Nicolás, que ha de ser en todo aquello
en que corriere tu opinión y vida
riesgo, aviso a tu valiente pecho,
aficionado solo por tu fama,
que aunque no me conoces, el que tienes |

	al lado siempre, y va en tu compañía, no es tan amigo como yo.
Nicolás	¿Quién dices? Que nadie está a mi lado que lo sea.
Demonio	Pues si del lado tuyo te faltara el angélico espíritu que el cielo te dio para tu guarda, no te hubieras perdido en infinitas ocasiones.
Nicolás	Tienes razón.
Demonio	Y sóbranme razones.
Nicolás	¿De qué, en efecto, vienes a avisarme?
Demonio	De que a matarte viene de Viterbo un hombre de valor, que disfrazado, éntrase vil; promete tu cabeza, quemando tu castillo a tus contrarios, porque de las fingidas paces hechas no te fíes, en efecto; para que lo conozcan, en llegando al castillo de Diana, los que guardan con tanta vigilancia tu persona, registrarán primero el Sol y el viento; estas sus señas son, estáme atento: mozo es primeramente, y de mediana estatura, de hermoso alegre rostro; viene descalzo casi, solamente traerá un capote de dos faldas, roto, sobre un blanco calzón hecho pedazos; finge ser simple, que de casa en casa

	limosna va pidiendo, y trae debajo del capote de sayal una alesna, con que, quedando en tu castillo a solas, piensa una noche darte muerte aleve; trae yesca, pedernales, eslabones Con que poner después fuego al castillo.
Nicolás	¿Cómo pudiste descubrirle, amigo?
Demonio	Intentando oque yo le acompañase.
Nicolás	A pagarte el aviso estoy dispuesto, pues me has dado la vida.
Demonio	Solamente quiero por premio que mi amigo seas.
Nicolás	¿Cómo te llamas?
Demonio (Aparte.)	Has de perdonarme, que no puedo decirte el nombre ahora: la cama he hecho al simple de Junípero para que Nicolás le dé la muerte. porque viniendo desde Asís ahora a Viterbo, le han puesto, de la suerte que a Nicolás he dicho, en el camino, unos salteadores ayudados de mi infernal espíritu: ya pienso que ha llegado a las puertas del castillo, y pidiendo limosna ha de entrar dentro donde la muerte lo saldrá al encuentro; que desta suerte he de quedar vengado deste truhán que a Dios gusto le ha dado.

(Vase.)

Nicolás
    En notable confusión
este aviso me ha metido,
aunque parece que ha sido
más que hombre humano, ilusión;
  Que se me erizó el cabello
al despedirse, y me ha dado,
negarme el nombre, cuidado;
no sé qué imagino de ello:
  ponerle en prisión será
razón de estado, por ver
si esto verdad viene a ser,
porque éste indicios me da
  que con esto me ha querido
asegurar. ¡Hola, Octavio,
Laurencio, Pompeyo, Fabio!

(Salen Fabio y Octavio, criados.)

Fabio   ¿Qué mandas?

Nicolás   ¡Industria ha sido!
A un hombre que por aquí
ahora salió, prended,
y diligencia poned.

Fabio   ¿Hombre salió ahora?

Nicolás   Sí.
¿No le viste?

Octavio   No ha salido
otro hombre que fray Antonio.

Nicolás	O fue sombra, o fue demonio.
Fabio	Todo lo puede haber sido, pues no le vimos salir.
Nicolás	Algún ángel fue que quiso sin duda darme este aviso, y no me quiso decir El nombre.
Octavio	¡Extraño suceso!

(Sale Junípero como le pinta el Demonio.)

Junípero	¿Hay limosna por acá, hermanos, para quien va camino, pobre y sin seso? Y pues los trabajos son contra el mundo y Satanás, esperar en Dios no más.
Nicolás	¡Hola! Poned en prisión a ese hombre.
Junípero	Si fue delito pediros limosna es justo; pues ¿no os doy en eso gusto?
Nicolás	No pienses que el sobrescrito de la simpleza fingida, y pobreza juntamente, te ha de salvar.

Junípero   Cuando intente
               quitarme, hermano, la vida,
                  hará muchísimo menos
               de lo que merezco yo.

Nicolás   Hipócrita está.

Junípero   Eso no;
               que están los infiernos llenos
                  de esa gente sin provecho
               para sí ni para Dios,
               ni aun para el diablo, y vos
               pensáis mal.

Nicolás   Miralde el pecho,
                  que el traidor tiene escondidas
               armas en él contra mí.

Junípero   Bellacas entrañas sí,
               aunque no entrañas fingidas;
                  ¿yo armas, hermano rico?
               Aunque las he menester
               contra el infernal poder
               las del cristiano le aplico;
                  que es la cruz divina espada
               con que Dios venció a la muerte
               y al infierno, y desta suerte
               no me puede vencer nada.

Fabio   Una alesna tiene aquí,
               pedernales y eslabón
               y yesca.

(Quítasela todo.)

Nicolás	Testigos son
de su traición contra mí;
que éste a matarme ha venido
de Viterbo.
Junípero	Rico hermano,
si Dios de su santa mano
me dejara, hubiera sido
abrasar el mundo, poco.
Nicolás	No te pienses escapar
y tu delito pagar
con fingirte tonto y loco;
que en un potro te he de hacer
confesar la verdad toda.
Junípero	Eso es lindo pan de boda:
mandalde luego traer;
aunque sea por domar,
no importa nada; corredme
y arrastradme, mas hacedme
merced de volverme a dar
esa alesna con que doy
puntos a aquel mi calzado,
y con la alesna y recado
de madrugar, porque soy
un dormilón, que primero
sucede encender el Sol
la yesca de su arrebol
para los del mundo entero,
que yo haberme levantado.
Nicolás	Bonos dixi: malos son.

Junípero	Soy famoso remendón,
	aunque necio y descuidado.
	  Mi alesna me vuelva a dar,
	que es mis manos y mis pies,
	pues nadie de todos es
	zapatero del lugar,
	  ella también.
	¿Gustáis, hermano Pilatos,
	que os remiende los zapatos,
	aunque más rotos estén?
	  Descalzaos y veréis
	qué piezas y qué tacones
	os echo y dos mojicones
	quiero que en pago me deis;
	  que sé que los sabéis dar
	mejor que limosna.

Nicolás	Aquí vendrá el potro.
Junípero	Sí, sí, sí.
Nicolás	Y os hará confesar.
Junípero	A fe que lo he menester, que soy un gran pecador.
Nicolás	Aunque encubrirte, traidor, procuras, no has de poder, por más que de tus quimeras se valga tu aleve pecho, que de tu lengua a despecho, te ha de hacer aunque no quieras,

	decir la verdad aquí, en el tormento.
Junípero	Mirad: para decir la verdad no es menester darme a mí Tormento.
Nicolás	Pues dila.
Junípero	Digo que hay muerte, y a quien tal haga, que pena eterna le amaga, que es Dios bueno y que es mi amigo, y de todos lo será si ellos lo quisieren ser; que su infinito poder para todo el mundo está de par en par tan abierto, que tiene roto el costado porque el pecho enamorado pueda estar más descubierto.
Nicolás	No es eso, lo que te pido, aunque esas verdades son: confiesa con qué intención a mi castillo has venido.
Junípero	A matalle y abrasalle si Dios me dejara, hermano, de su poderosa mano.
Nicolás	No hay con aquesto que dalle tormento, pues la verdad

                    tan de plano ha confesado.

Juníspero   Y fuera menor pecado
                    esto en mi mucha maldad,
                      porque no dejara aquí
                    a un hombre con vida apenas,
                    ni en Diana dos almenas,
                    y cuando no fuera ansí,
                      por otros muchos delitos
                    morir merezco ahorcado,
                    hecho cuartos y arrastrado,
                    porque son más que infinitos:
                      mandadme, hermano, ahorcar;
                    que por merced os lo pido.

Fabio   El mismo se ha convencido:
                    no tiene que sustanciar
                      más el pleito, pues el cargo
                    él mismo se ha estado haciendo.

Nicolás   Colgarle, Fabio, pretendo
                    sin admitirle descargo;
                      llevalde a la torre preso:
                    aviso fue soberano.

Juníspero   Por el bien que me hace, hermano,
                    los pies mil veces le beso,
                      hágame luego ahorcar;
                    que los pies me están comiendo
                    por verme cómo pretendo
                    en tan dichoso lugar;
                      que a las horcas les hacía
                    con santa y cuerda prudencia,
                    particular reverencia

             un monje, porque decía,
                que eran allí castigados
             los delitos con perdón
             de cielo y tierra, que son
             sillas de redentizados.
                Ahórqueme, que deseo,
             hermano, predestinarme,
             mi alesna vuelvan a darme
             y lo demás, que pues veo
                cercana la muerte mía,
             es justo y cristiano intento,
             de todo hacer testamento,
             y alguna manda podría
                ser que le quepa también
             al hermano Nicolás,
             de que no pienso jamás,
             pues recibo tanto bien
                como es mandarme ahorcar,
             olvidarme cuando esté
             con Dios, porque Dios le dé
             lo que hemos de desear,
                que es buena muerte, y depare
             quien le ahorque como a mí
             también.

Nicolás   ¡Llevalde de ahí!

Junípero   Hermano, el cuerpo prepare,
                       pues para morir nació;
                    agradezca su ventura
                    que muera sin calentura,
                    sin temer si se sangró
                       en tiempo, si se ha purgado
                    en ocasión, si ha dormido,

          si ha comido, si ha bebido,
          y se excusa del enfado
             del boticario y barbero
          y del médico, que son
          los que en la mortal pensión
          hacen la guerra primero,
             pues que todos matan bien
          cuando aplican más regalos,
          y al fin, sirviendo de palos,
          ahorcan éstos también;
             yo en otros tres palos muero;
          que el colgado de ordinario,
          acaba entre el boticario,
          el médico y el barbero.

Nicolás   ¡Llevalde!

Junípero   Ya yo trabajo
          por mi fin dichoso ver;
          que es grande gusto saber
          al cielo por el atajo.

(Llevan a Junípero.)

Nicolás   ¿Hase visto semejante
          hombre jamás, ni valor?
          Siempre se encubre el traidor
          con máscara de ignorante
             Así, Alejandro procura
          mi mal, Camilo me engaña,
          y Viterbo se conjura.
             Hoy pienso de su traidora
          intención quedar vengado.

(Entra Octavio.)

Octavio   De un coche se han apeado
Camilo y Casandra agora,
  y quieren verte.

Nicolás   ¿Qué dices?

Octavio   Esto que escuchas no más.

Nicolás   Con las nuevas que me das,
mis sucesos contradices,
  y hoy otros nuevos espero;
mas pues en Diana están,
ningún recelo me dan:
ir a recibirlos quiero.

(Sale Alejandro en hábito de villano, y san Antonio tras él.)

Antonio   ¡Ah caballero! ¡Ah, señor!
¡Ah, señor! ¡Ah, caballero!
¡Ah, hermano, a quien digo aguarde,
que por merced se lo ruego!

Alejandro   ¿A mí, padre, me llamáis?

Antonio   A vos os llamo

Alejandro   No puedo
responderos, padre, al nombre
de señor ni caballero,
porque soy un labrador.

Antonio   Que sembráis malos intentos

pensando coger venganzas
de vuestros ciegos talentos;
guardaos, labrador, del trillo,
de la muerte; que os prometo
que os dejen limpia la parva
las hormigas del infierno.
A Camilo y a Casandra
habéis venido siguiendo,
con intención de matar,
con ese traje encubierto,
a Nicolás esta noche;
pero no permita el cielo
que tenga vuestra venganza
tan duro y sangriento efecto;
que es del cielo voluntad
que con estos casamientos
tengan fin dichoso ya
los bandos que hay en Viterbo.
Y queda del honor suyo
también Camilo con esto,
para con la ley del mundo
justamente satisfecho.
Esto me mandó que os diga
Dios, a quien nada hay secreto,
porque es soberano lince
de todos los pensamientos.
Vuélvete, Alejandro, y mira
no te castigue.

Alejandro   Del pecho,
me ha sacado el corazón,
y solo volverme quiero
darle por respuesta.

Antonio ¡Dios
te dé su gracia y el cielo!

Alejandro ¡Después, portugués divino,
de buscarte te prometo!

(Vase.)

(Entra Lauro, labrador.)

Lauro Padre nuestro fray Antonio
pues que de piadosos pechos
es oficio el acudir
a semejantes sucesos,
acuda a un hombre que llevan
a justiciar en el pueblo,
por traidor a Nicolás,
con justísimo derecho,
cuyo enojo no le ha dado
al delincuente, sospecho,
lugar para confesarse,
y los pregones son éstos.

(Dice dentro el pregón.)«Esta es la justicia que manda hacer Nicolás, de Viterbo, señor de Diana y Villaflor, a este hombre, por traidor: Mandalde arrastrar y ahorcar y hacer cuartos. Quien tal hace, que tal pague.»

(Sácanle como que le traen arrastrando en un serón, y Morcón hecho verdugo.)

Junípero ¡Ah, hermano verdugo! Sigue,
porque lleguemos más presto
a esos hermosos caballos
que van muy despacio, y quiero

	cenar con Dios esta noche; a llegar, si esta vez puedo, a la posada temprano.
Antonio	Fray Junípero, ¿qué es esto?
Junípero	Padre mío fray Antonio, que me manda ahorcar pienso el hermano Nicolás; y voy alegre, por cierto, porque por aquí imagino que atajaré para el cielo muy gran camino.
Antonio	Dejalde, porque éste es un fraile nuestro, simple, y Nicolás sin duda de quién es mal satisfecho, esto manda.
Junípero	Deje, padre, que me ahorquen, ya que tengo junta tanta gente honrada; que será hacer burla de ellos.
Antonio	Salga, padre.
Junípero	Padre mío, como es razón le obedezco, pero a fe que me ha quitado como del altar el cielo.
Morcón	Y a mí de tomar venganza de haber dado con mi cuerpo

	dentro del río.
Junípero	Es verdad; ya, hermano Morcón, me acuerdo, mas ¿cómo ha dado en verdugo?

Junípero   Es verdad;
                ya, hermano Morcón, me acuerdo,
                mas ¿cómo ha dado en verdugo?

Morcón   Por no ser pobre lo he hecho,
                pues el ser pobre es estado
                el más vil de todo el suelo.

Junípero   Sabrá mal aprovecharse
                de ser pobre.

Antonio   Yo no entiendo
                lo que ha sido la ocasión
                de tan notable suceso.

Junípero   Yo se lo, diré despacio
                siendo verdad, padre nuestro,
                que no me ahorcan.

Morcón   Ya han ido
                a dar aviso corriendo
                desto todo a Nicolás,
                y llega en persona pienso.

(Entran Nicolás, Casandra y Camilo.)

Nicolás   La ejecución no, prosiga,
                y dadme, simple del cielo,
                los pies; que ahora conozco
                vuestro santo y simple pecho,
                y que para daros muerte,
                que fue industria del infierno

	este injusto testimonio.
Junípero	Muchos más males he hecho, y si el hermano verdugo no hubiera perdido tiempo en llevarme tan despacio, no estuviéramos en esto.
Camilo	¡Oh, simplicidad divina!
Nicolás	Deste dichoso suceso, portugués, Antonio santo, las dichas que gozo, debo a Dios y a vos.
Junípero	Hermanicos, perdonen si les he hecho burla en no ahorcarme hoy, que solamente a este efecto, tanta gente se ha juntado; mas yo soy tan malo, y tengo tantas maldades y culpas, que para otra vez prometo de no burlarles; y adiós, que yo me voy a Viterbo, a ver si en la ropería de nuestro santo convento hay algún hábito roto con que cubrirme este cuerpo, lleno de tantas malicias; pero ¿qué es esto que veo?

(Suena música, y aparece el Niño Jesús, Francisco a las espaldas en una tramoya.)

Niño	¡Junípero!
Junípero	¡Niño mío!
Niño	Sigue a Antonio por maestro en ausencia de Francisco.
Junípero	Eso es lo que yo deseo, pero por estar desnudo desta suerte, voy corriendo por un hábito.
Niño	El te aguarda: y queda en paz, porque quiero ir a amparar a mi Iglesia en Roma, porque la veo amenazada de algunos infieles.
Junípero	En tales tiempos, razón es que los amigos, señor, os acompañemos.
Niño	Quien me guarde las espaldas llevo yo; no tengas miedo.
Junípero	¿Quién es, inmenso Señor?
Niño	¿Quién es? Mi retrato mesmo, que es éste que ves aquí.

(Vuélvesela tramoya y aparece san Francisco crucificado, con un hábito.)

Junípero	¡Divino, espantoso ejemplo de la santidad! ¡Oh, padre de mi vida! ¿Dónde bueno?
Francisco	Siguiendo mi original.
Junípero	Perdónenos, padre nuestro; que yo y fray Antonio, y todos, hemos de ir con él, siguiendo esa bandera divina, que ya agarrada la tengo.

(Cógele el hábito.)

Francisco	El hábito es tuyo: adiós, simple de Dios verdadero; que quien padece por él, merece en dichoso premio que me desnude y te vista; cubra ese dichoso cuerpo.

(Déjale el hábito y vase en su tramoya.)

Junípero	Por vestirme, se ha dejado, como culebra, el pellejo. Padre seráfico, aguarda; vestirme el hábito quiero, y, agradecido, buscarte.
Antonio	¿Quién no envidia lo que el cielo hace con los simples santos?
Junípero	Hermanos, tengan consuelo de que Dios les quiere mucho,

                        pues hizo este casamiento.
                        Yo y el padre fray Antonio
                        hemos de entrar en Viterbo
                        con ellos, para acabar
                        sus bandos.

(Vístese Junípero.)

Camilo   Todos entremos
                        con tan dulce compañía,
                        de mayor bien satisfechos.

Casandra   El enigma del renglón
                        dio fin dichoso con esto:
                        que soy tuya, y no era mía
                        cuando lo eran mis deseos.

Camilo   Los míos son de servirte.

Junípero   Padre, ya estoy como debo;
                        volvámonos, si es posible,
                        a nuestro santo convento.

Antonio   Vamos; y aquí la primera
                        parte del simple del cielo
                        y del truhán del palacio
                        de Dios da fin, prometiendo
                        hacer la segunda parte
                        si perdonan nuestros yerros.

                        Fin de la comedia

Libros a la carta
A la carta es un servicio especializado para
empresas,
librerías,
bibliotecas,
editoriales
y centros de enseñanza;
y permite confeccionar libros que, por su formato y concepción, sirven a los propósitos más específicos de estas instituciones.
Las empresas nos encargan ediciones personalizadas para marketing editorial o para regalos institucionales. Y los interesados solicitan, a título personal, ediciones antiguas, o no disponibles en el mercado; y las acompañan con notas y comentarios críticos.
Las ediciones tienen como apoyo un libro de estilo con todo tipo de referencias sobre los criterios de tratamiento tipográfico aplicados a nuestros libros que puede ser consultado en Linkgua-ediciones.com.
Linkgua edita por encargo diferentes versiones de una misma obra con distintos tratamientos ortotipográficos (actualizaciones de carácter divulgativo de un clásico, o versiones estrictamente fieles a la edición original de referencia).
Este servicio de ediciones a la carta le permitirá, si usted se dedica a la enseñanza, tener una forma de hacer pública su interpretación de un texto y, sobre una versión digitalizada «base», usted podrá introducir interpretaciones del texto fuente. Es un tópico que los profesores denuncien en clase los desmanes de una edición, o vayan comentando errores de interpretación de un texto y esta es una solución útil a esa necesidad del mundo académico.
Asimismo publicamos de manera sistemática, en un mismo catálogo, tesis doctorales y actas de congresos académicos, que son distribuidas a través de nuestra Web.
El servicio de «libros a la carta» funciona de dos formas.
1. Tenemos un fondo de libros digitalizados que usted puede personalizar en tiradas de al menos cinco ejemplares. Estas personalizaciones pueden ser de todo tipo: añadir notas de clase para uso de un grupo de estu-

diantes, introducir logos corporativos para uso con fines de marketing empresarial, etc. etc.

2. Buscamos libros descatalogados de otras editoriales y los reeditamos en tiradas cortas a petición de un cliente.

www.ingramcontent.com/pod-product-compliance
Lightning Source LLC
Chambersburg PA
CBHW022118040426
42450CB00006B/746